全方位軟式
棒球
訓練技巧

名古屋光彥／監修
劉宸瑀、高詹燦／譯

提升基本功、破解失誤盲點，獲勝祕訣完整掌握！

THE METHOD OF RUBBER-BALL BASEBALL

RUBBERBALL BASEBALL

前言

日本全國有多少支軟式棒球隊？一千隊？一萬隊？不，我想比這多得多了。該怎麼做，才能從眾多隊伍、對手中脫穎而出，在比賽上發光發熱呢？本書專為球技位居中段之人所打造，將「成為高手的思考方式」與「使球隊取勝的訣竅」拆分成50項來一一說明。

軟式棒球「沒有安打也能贏」、「感覺比硬式棒球還難」——這類見解時有所聞。那麼，要在軟式棒球中取勝的話，究竟該具備什麼樣的思維方式呢？是不是只要隊上有個超強投手就能獲勝了？或者單單全隊打擊率高就能贏？

我認為，想贏得勝利必備的是「整個隊伍的平衡」。我們當然有必要提升個人技術能力，讓人人都成為棒球高手；但全隊朝著同一個目標前進也很重要。本書將從攻守順序的安排、戰術運用、預測比賽局勢變化等各種方向來講解這種「能在比賽場上大顯身手的軟式棒球」。還請各位試著將其看作一個「進一步重新審視自身棒球風格的契機」。

只要改變思維方式，任誰都具備比現在的實力更上一層樓的可能性。倘若各位所屬的隊伍可藉此找到勝利的跡象，那將是我的榮幸。

名古屋光彥

※本書以2010年於日本出版的
《在比賽上大顯身手！軟式棒球的50個進步祕訣（暫譯）》為基底增訂而成。

軟式
棒球

在比賽中大顯身手，贏得比賽！

因應狀況的投球、自己上壘的同時也協助跑者進壘的擊球、
毫無失誤的守備、和板凳球員連成一氣、天衣無縫的團隊合作。
只要掌握以上技巧，這支隊伍就足以奪得勝利。接下來將以實際比賽中
必備的技術與常見情況為例，介紹50項箇中「祕訣」，
讓各位可藉此將比賽局勢引導到對自己有利的方向。
學習這些實戰活用技巧，以成為軟式棒球高手為目標吧！

設想可能的比賽情境，
簡單易懂地解說應對方法。

立即在實戰中發揮作用 軟式棒球的技術與戰術書

習得精湛球技的
最短捷徑

1. 了解自己的弱點
2. 翻開想加強的技術或訣竅章節
3. 牢記3大要點
4. 反覆練習，融會貫通！

如何使用這本書

本書並不是一本需要您從頭讀到尾的解說書。各項技巧都是雙頁完結，各自獨立，大家可以選擇自己想了解、學習的單元來閱讀。

每一項技巧都由3個重要的「要點」所組成，並以易於理解的方式說明學習重點。

明白訣竅所在才容易記在心上；因為易於記憶，才更能融會貫通。還請務必將學到的技巧運用在比賽上。

祕訣No.

詳細介紹50種技巧。以全部融會貫通為目標，提升球技水準。

祕訣No. 06 ▶▶▶打擊

只要善用身體的扭轉力，就能更輕鬆地把球打遠

解決「擊球飛得不如預期遠」的困擾，打出自己預期的飛行距離

想打出飛行距離，就得綜合把握打擊技巧

明明自認揮棒的力道很強勁，但飛行距離卻意外地短——不曉得各位是否有這樣的煩惱呢？球要飛得遠，**就要藉軀幹的扭轉力來蓄積揮棒能量。透過擊球點的調整或有良好平衡的揮棒姿勢，便能將這股能量高效傳遞到球上**。這些要素必須綜合兼備才行。

有些打者雖然肌肉發達，但打出的球卻意外地飛不遠，原因正是欠缺了某項要素。

實用要點
1. 運用軀幹
2. 專注在擊球點上
3. 精簡揮棒動作

22

這裡能改善

學會這項技巧後，能連帶改善的不足之處和原先需要調整的地方。

正文

該單元介紹的祕訣概要說明。整理歸納會運用到這項技巧的場合與狀況等資訊。

實用要點

以3大要點來展現技巧內容。只要掌握這些「要點」，便有望學會這項技巧。

標題

具體的標題使想學的技巧全部一目了然。可以從想了解的技巧開始閱讀。

實用要點1、2、3

詳細清楚地解釋3項要點。目標是確實學習，盡早掌握精通。

打擊

實用要點 1

擺好姿勢，扭轉軀幹，利用肌肉回彈的力量

擊球飛不遠的人，大多都是依賴腕力來打擊。運用軀幹是很重要的。用積蓄力量的感覺扭轉身體軀幹；具體上來說，包括肌肉與肌腱在內，事先擺好扭轉姿勢，再釋放在這姿勢中積蓄下來扭轉回彈的力量，這股力量將成為揮棒時的能量。

實用要點 2

專心捕捉擊球點

這裡的擊球點和**祕訣No.01**提到的擊球點不同。只要在手腕回正的瞬間打擊出去，球就會輕易飛得比預期還遠。因此，要先從細微的動作開始，集中精神捕捉擊球點，同時也不要太過用力。之後再慢慢加大力道，提升揮棒速度。

實用要點 3

揮棒動作要精簡均衡

可能會有人覺得揮棒動作愈大，球就會飛得愈遠。不過要是揮得太用力，導致姿勢失去平衡，那反倒是本末倒置。光是揮棒動作大，並不能有效傳遞力量，於是便會發生明明動作很漂亮，球卻飛不遠的狀況。就算動作稍微小一點，有良好平衡的揮棒動作也會讓球飛得很遠。

Let's 做做看！

用長打練習來檢驗飛行距離

建議選擇把球打飛很遠的長打練習。因為是只靠自身力量擊球的練習，所以很容易確認球的飛行距離是不是跟自己預想的一樣。

做不到時的檢查點

要是光用表面的肌肉，就會很難運用到身體內部的肌肉。扭轉軀幹，有意識地去使用身體內側的肌肉。

23

Let's 做做看！

一旦學會書上解說的技巧，就會想要更上一層樓。因此也可以挑戰看看這個欄位所寫的內容。

做不到時的檢查點

具體介紹容易犯的錯誤範例。有時就算照著解說來做，學習過程也會不太順利。這時不妨試著閱讀此欄位。

身體的運用方法、各部位基本知識

投手和野手

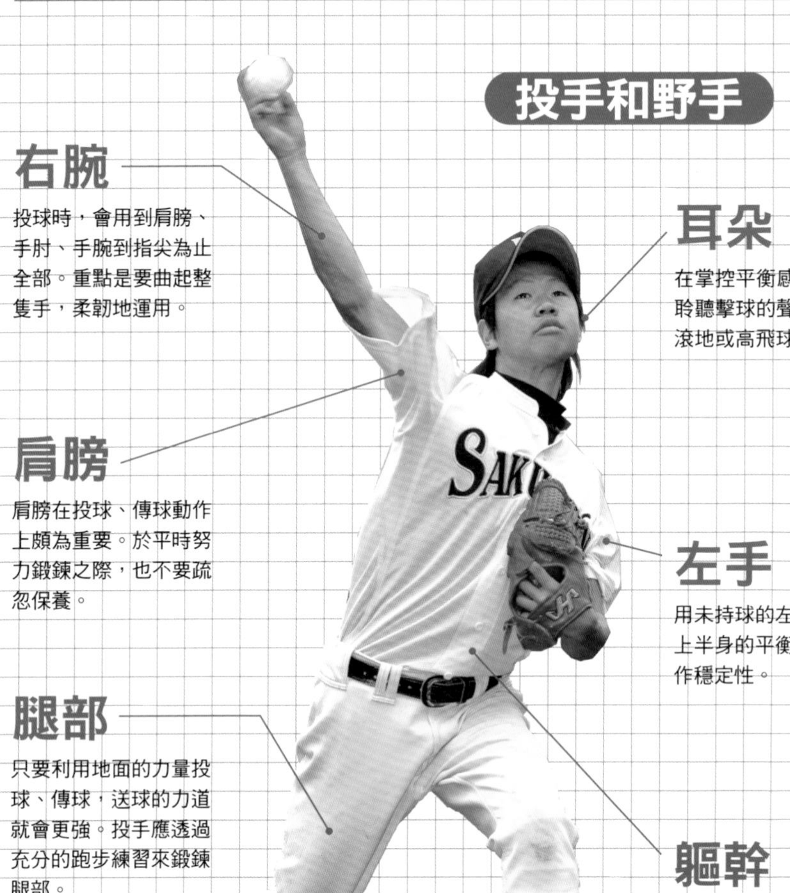

右腕

投球時，會用到肩膀、手肘、手腕到指尖為止全部。重點是要曲起整隻手，柔韌地運用。

耳朵

在掌控平衡感的同時，聆聽擊球的聲音以判斷滾地或高飛球的方向。

肩膀

肩膀在投球、傳球動作上頗為重要。於平時努力鍛鍊之際，也不要疏忽保養。

左手

用未持球的左手來保持上半身的平衡，以求動作穩定性。

腿部

只要利用地面的力量投球、傳球，送球的力道就會更強。投手應透過充分的跑步練習來鍛鍊腿部。

軀幹

運用腹肌、背肌來扭轉上半身。最好以軀幹的動作來引導手臂擺動。

打者和跑者

聆聽教練或壘指導員的指示。另外，若聽到對手投捕搭檔的聲音，就可以預測對方的配球。

眼睛

眼神不要隨著動作上下移動很重要。視線安定會帶來擊球的穩定性。

胳臂

藉由雙手的連動做出銳利的揮棒動作。此外，跑者手臂擺動的速度若快，換腳的頻率也會有所提升。

腿部

把地面的反作用力拿來當揮棒與短跑衝刺的原動力。對跑者來說，急煞或轉向也很重要。

腰部

擊球時，扭轉腰部做出身體的轉向，便能打造出銳利的揮棒動作。

全方位軟式棒球訓練技巧
提升基本功、破解失誤盲點，獲勝祕訣完整掌握！

PART 1 打擊

如何有效地在擊球點擊出力道很重要。學習確實擊中球心，不讓力道分散的技巧。同時介紹鍛鍊選球眼的方法。

PART 2 投球

掌握能實際用在比賽上的投球技術。解說有效的配球策略、變化球的使用方法。同時也會介紹身為投手該做的心理準備，以及在隊伍所擔任的角色。

CONTENTS

PART 3 守備

了解軟式棒球特有的守備訣竅，例如劇烈旋轉、高高彈起的球等。並以習得比硬式棒球更需應對能力的高超技術為目標。

CONTENTS

PART 4 跑壘

跑壘並不是單純跑得快就好。要掌握更上一層樓的基本跑壘技巧，例如起跑的方法、滑壘的訣竅以及過壘不停威嚇敵隊的辦法等。

PART 5 團隊協作

掌握有靈活度的團隊策略，不再受限於從常識上決定攻守順序的方法，而是可以臨機應變地變換戰術。不僅技術，本章也會提到夥伴協作和尊重對方隊伍等與棒球選手的成長有關的內容。

※本書是以2010年於日本出版的《在比賽上大顯身手！軟式棒球的50個進步祕訣（暫譯）》為基底加筆修訂而成。

Batting

打擊

如何有效地在擊球點擊出力道很重要。
學習確實擊中球心，不讓力道分散的技巧。
同時介紹鍛鍊選球眼的方法。

PART 1

秘訣No. 01 ▶▶▶打擊

準備打擊時要放鬆，削減多餘動作

這裡能改善　能夠做到匯集力量在擊球點上的揮棒動作。

抬高球棒頂端，收緊膝蓋再揮棒

打擊最重要的是**別做不必要的動作**。從一個輕鬆的姿勢開始，抬起球棒頂端，收斂膝蓋再揮棒。

棒球是一切均能透過機率表現的一種運動。以打擊率來說，就是用幾成、小數點多少來表示。要知道，多餘的動作愈多，這項數值的機率就愈低。

尤其一旦用力，便容易做出不必要的動作。在預備揮棒時，要記得放鬆，保持輕鬆的姿勢很重要。

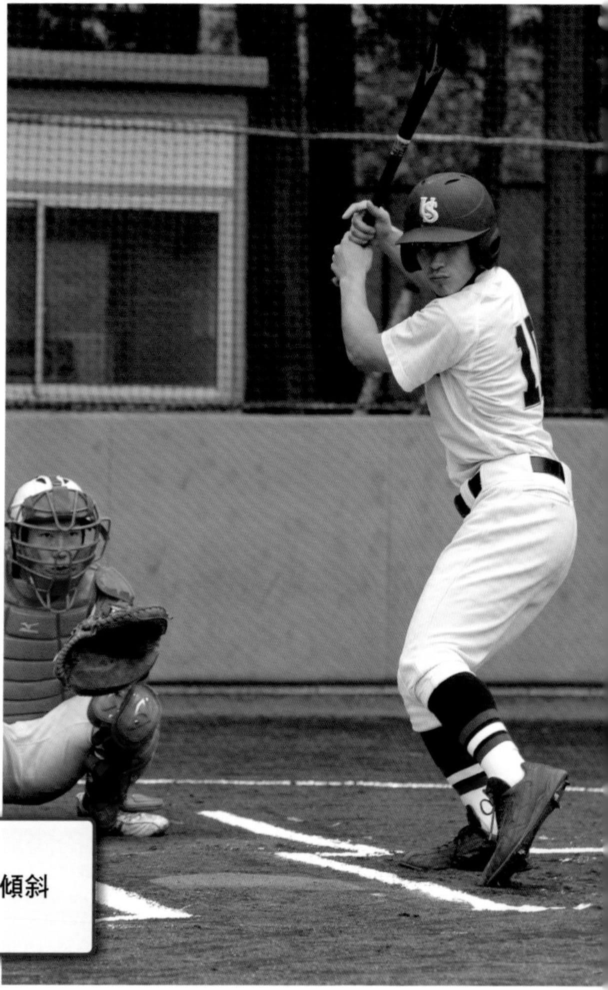

實用要點
1. 開打當下放鬆身體
2. 手腕的角度朝拇指方向傾斜
3. 收斂膝蓋

實用要點 1

預備揮棒時，要放鬆身體的力道

打者打擊時不由得會去想「無論如何都要打遠一點」。然而，要是這種想法太過強烈，人就會用力過猛，變得無法把力道集中在關鍵擊球點上。用輕鬆的姿勢開始打擊很重要。這樣一來，就可以將力氣準確地在擊球點上傳遞給球。

實用要點 2

手腕的角度往拇指方向傾斜，打造強而有力的手腕姿勢

從關節構造上來看，手腕朝拇指方向傾斜的姿勢比較容易用力。不過實際上，以手腕伸直、難以施力的動作來打擊的人很多。若是球棒頂端往下，手腕便會伸直。雖然會依擊球方向不同而有所差異，但最好保持手腕的角度，抬高球棒頂端。如此一來，就能輕鬆地讓球飛得更遠。

實用要點 3

藉由收斂膝蓋來蓄集力道

把全身的力氣都集中在擊球點上很重要。為此，希望大家注意的部位是——膝蓋。只要夾緊膝蓋，就能把力量集中在一個點上。人類的身體結構是一旦膝蓋張開，腰的力道便會跟著分散開來。這麼做就容易形成一個施力點完全無法固定的揮棒動作，因此要多多注意。

Let's 做做看！

嘗試用毛巾來揮棒吧！

試著把毛巾看作球棒，做做看空揮練習。若是用力過猛，揮棒姿勢就會變得很生硬。最好輕鬆、緩慢地揮棒，以確認自己的揮棒動作。

做不到時的檢查點

要明白自己的揮棒動作長什麼樣子意外地難。建議試著用錄影或鏡子來檢查自身動作，這樣才能客觀地對自己做不好的地方有所自覺。

秘訣No. 02 ▶▶▶打擊

打磨自身特質，提升擊球能力

這裡能改善

能夠了解自己的球風，採取適合自己的打擊方式。

用適合自己的風格來打擊

現在，先試著檢視自己是怎樣的打者。這個舉動將會是你一舉打破球技中等的障礙，搖身一變成為高手的契機。

有些打者就算內心想要「打出全壘打」，但其本身卻並不屬於長打型。比起拚力氣，更擅長比速度的人，建議可以瞄準安打來擊球，藉此活用自己的機動性。

只要認清自身類型為何，並選擇適合自己的風格來打擊，就能使球技更上一層樓。

實用要點

1. 認清自己屬於哪種類型
2. 活用身體彈性，以長打為目標
3. 運用速度優勢，以安打為目標

實用要點 1

看清自身類型，發展屬於個人的特色

說到長打型打者，多半都會有「身材高大」的印象。但僅憑這一點就判斷這樣的人是全壘打型的強打者還為時尚早。相反地，就算身材矮小，也有的人是身材結實，蘊藏力量的類型。因此不能只靠體格來斷定。重要的是弄清自己是哪種類型，並發展個人特質。

實用要點 2

身體有彈性的人，目標要放在成為長打型打者

身體有彈性的人適合成為一名全壘打型打者。若身體柔韌且大幅度地扭轉，便能在打擊時順利將全身的力量傳遞到球上。揮棒速度快是這類打者的特點。這種人即使身材矮小，也可以以長打型打者為目標。畢竟不能單憑體型大小來判斷，所以要多留意。

實用要點 3

有速度優勢的人，要用小球打法瞄準安打

力氣不足，但卻具有速度優勢的打者，是能施展一些小花招的靈巧類型。瞄準安打，以便充分發揮自己的機動性吧！尤其在軟式棒球上很難擊出長打，所以就算徒勞無功地用力揮棒也多半無濟於事。如果把目標放在短而銳利的擊球風格上，也有望使自己的打擊率比現在更高。

做做看！

平均型打者的均衡性高

雖說分成力量型跟速度型兩種打者，但也有介於兩者之間的選手。這類選手的均衡性很高，只要能找到長處，他們就可以為隊伍提供巨大貢獻。

做不到時的檢查點

有長期棒球經驗的人若正在為瓶頸而煩惱，可以試著回顧一下自己的成長過程。常有人從自己小時候的打擊方式中找出自身特質所在。

秘訣No.03 ▶▶▶打擊

能量要在手腕回正的瞬間才能充分傳遞出去

可以捕捉到正確的擊球點，打出強而有力的打擊。

僅僅調整擊球點，打擊就會在眨眼間進步

許多人對擊球點有著錯誤的認識。只要試試讓他們捕捉擊球點，就會發現打擊能力中等的人大多都是打到錯誤的位置。換言之，他們是處在一個「不曉得打到哪裡球才會飛高飛遠」的情況下在練習打擊。

首先，理解正確擊球點很重要。一旦掌握正確的擊球點，打擊能力就能馬上變好，而且比改變打擊姿勢還要快。

實用要點

1. 在手腕回正的瞬間打擊出去
2. 以範圍來捕捉「擊球點」
3. 別讓力量分散開來

實用要點 1

手腕回正的瞬間 就是正確擊球點

正確的擊球點是「手腕回正的瞬間」。然而，很多人誤以為在那之前的「手腕朝後的姿勢」才是擊球點。握長棒時，請人把球棒頂端往下壓，前者的支撐強而有力，後者則會被輕易地壓下去。手腕回正的瞬間訂定關鍵。

實用要點 2

只要以區域來捕捉擊球點， 可應對的擊球範圍就會擴大

說到擊球點，很多人會如字面理解成一個「點」。但這樣能夠應付的擊球範圍就會被局限住。擊球點是一塊「範圍」。而手腕回正的可動區域就是「擊球範圍」。只要處於這塊範圍內，不管在哪抓到擊球點都可以調整回來。擅長且純熟運用這塊擊球範圍的打者是鈴木一朗。

實用要點 3

別讓力量外洩， 把揮棒的能量打在球上

重要的是，不要讓揮棒能量散開來，必須一分不剩地打在球上。要是錯失球心，大部分的力道都會喪失，所以捕捉球心，並且意識到手腕回正的擊球點相當重要。就算沒有腕力，只要採用不會分散力道的擊球方式，便完全有可能彌補力量的不足。

Let's 做做看！

勤加練習

一旦正確認識了自己的擊球點，就要試著反覆進行T座打擊練習。透過勤奮練習，便能將這個擊球點深深紮根在自己身體裡。

做不到時的檢查點

如果不知道擊球點在哪，可以握長棒並讓人在球棒頂端壓一下看看。不會被人壓下去的位置就是正確的擊球點。

祕訣No.04 ▶▶▶打擊

只要鍛鍊選球眼，就能正確看穿球路

這裡能改善

能夠看清球路，不再朝壞球打。

學會打擊高手放過壞球的選球法

打擊光靠磨練揮棒技巧是無法進步的。**十分重要的是培養一雙「選球眼」**以看穿對方投手投來的球。即使是投到同樣的位置，也不會有速度、轉速、球路完全相同的球。因此一旦看錯了，就無法把握好擊球的時機，不小心在壞球的時候揮棒。

愈是打擊的高手，就愈擅長選球。只要練出選球眼，打擊技巧也會提升。

實用要點

1. 參加投球訓練
2. 保持專注，不讓球離開視線
3. 意識到自己跟投手間的好時機

實用要點 1

參與投球訓練 鍛鍊選球眼

在投手進行投球訓練時，站在打擊區鍛鍊自己的選球能力。因為目的並非把球打出去，所以不拿球棒也沒關係。這是職業選手在春季集訓上也會採用的訓練菜單，可以培養出一雙能分辨變化球的眼睛。

實用要點 2

對球的專注力 會強化選球能力

好的打者相當專注在球上。正是這份專注力為其帶來選球的能力。初學者或中階打者在練習四、五次左右時，專注力就會開始渙散，目光也會從球上移開。要是用錄影慢速重播來檢驗的話，會發現好打者的視線從未離開過球。具備這種程度的專注力很重要。

實用要點 3

留意自己與 對方投手間的好時機

在訓練選球眼的同時，也要留意自己與對方投手間的好時機，配合節奏很重要。可以透過踏步跺腳、輕微擺動球棒來調整節奏，這點依個人喜好來做就好。只要有意識地抓住好時機，就能正確看清球路，而且也能訓練到選球的眼光。

Let's 做做看！

觀察球的縫線

想集中注意力，可以看看球的縫線。雖然每個人的視角不同，但只要仔細觀察，應該就能夠看到球的旋轉方向。

做不到時的檢查點 

日常練習最好也保持危機感。舉例來說，在第九回合的最後關頭有一棒逆轉的機會。在這種危機感迫近的場合上，人們會很專注。

秘訣No. 05 ▶▶▶打擊

只要豎立身體中軸，就能做到穩定有氣勢的揮棒

這裡能改善 可做到利用中心軸旋轉力或重心移動的打擊技巧，不再手動擊球。

保持身體中軸垂直，並將重心往前移動

要想順利擊球，身體的軸心相當重要。意識到這一點，並盡量讓自己站得筆直。舉個例子，陀螺就是因為中心軸筆直立起，所以才能有力又穩定地持續旋轉。

打擊則是在這上面加一道重心移動的力量。**在轉移重心時，要小心別讓身體軸心也跟著移過去。**用這種方式完成一個平衡良好的推棒動作很重要。

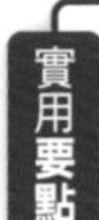

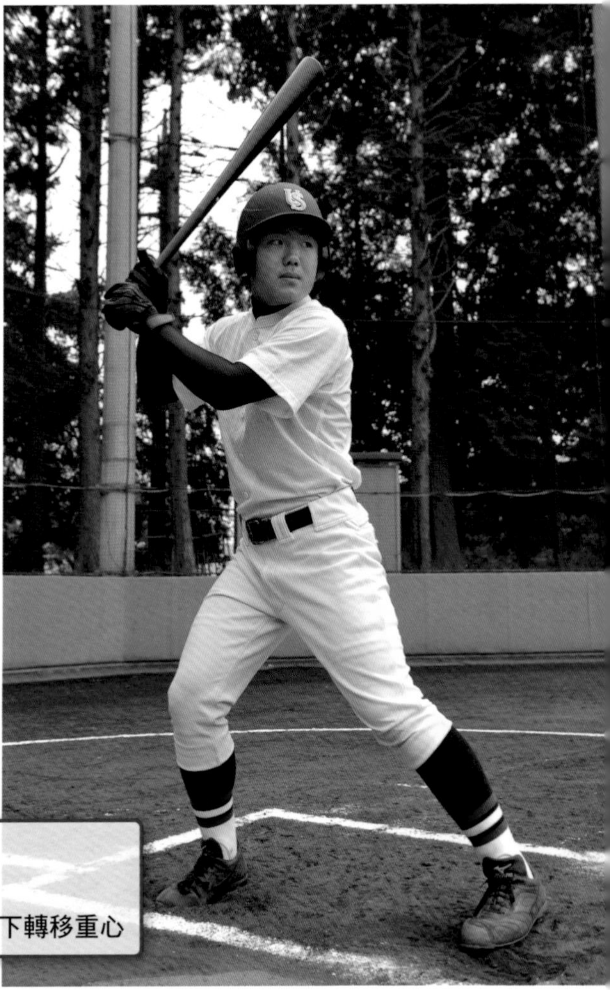

實用要點

1. 給關節留出餘裕空間
2. 保持身體中軸垂直
3. 在維持身體軸心的狀態下轉移重心

實用要點 1

為關節保留空間，擺出平衡良好的姿勢

挺直站立或將身體彎曲到極致的姿勢都不太好。時常謹記要給膝蓋、手肘關節留下一點空間，全身上下擺出輕鬆不緊繃的姿勢。試著將球棒直立舉過頭頂，再迅速放掉力氣，球棒落在胸前看看。這個動作是具備良好平衡的姿勢的一個指標。

實用要點 2

保持身體轉軸垂直

在意識到身體核心中軸的同時揮棒很重要。只要保持中軸的垂直，就能像陀螺一樣以有氣勢又漂亮的動作旋轉。特別是，有很多人即使能在擺姿勢的時候挺直身體，卻會在揮棒的過程中走樣。請注意不要讓身體的中軸歪掉，或是極端地傾斜。

實用要點 3

在移動重心的同時平衡地揮棒

維持身體垂直中軸，將重心往前移。這時要小心別讓軸心歪掉。一旦軸心歪掉，球棒揮出的動作就會有所延遲，導致揮棒落後一拍。之所以會錯過擊球時機，多半都是因為這種中軸歪掉的習慣所造成的，所以要多加留意。

Let's 做做看！

從後方或側邊輕拋擊球

做做看從後面或旁邊輕輕拋球打的打擊練習吧。這能讓你習得一個身體中軸不會歪掉，平衡也很好的揮棒動作，是一項連職棒選手也會做的有效練習法。

做不到時的檢查點

無論如何軸心都會歪掉的人，可以請搭檔在你揮棒前從前方按住左肩看看。這樣能夠改善中軸偏移的習慣。

祕訣No. 06 ▶▶▶打擊

只要善用身體的扭轉力，就能更輕鬆地把球打遠

這裡能改善

解決「擊球飛得不如預期遠」的困擾，打出自己預期的飛行距離。

想打出飛行距離，就得綜合把握打擊技巧

明明自認揮棒的力道很強勁，但飛行距離卻意外地短——不曉得各位是否有這樣的煩惱呢？球要飛得遠，**就要藉軀幹的扭轉力來蓄積揮棒能量。透過擊球點的調整或有良好平衡的揮棒姿勢，便能將這股能量高效傳遞到球上。**這些要素必須綜合兼備才行。

有些打者雖然肌肉發達，但打出的球卻意外地飛不遠，原因正是欠缺了某項要素。

實用要點

1. 運用軀幹
2. 專注在擊球點上
3. 精簡揮棒動作

實用要點 1

擺好姿勢，扭轉軀幹，利用肌肉回彈的力量

擊球飛不遠的人，大多都是依賴腕力來打擊。運用軀幹是很重要的。用積蓄力量的感覺扭轉身體軀幹；具體上來說，包括肌肉與肌腱在內，事先擺好扭轉姿勢，再釋放在這姿勢中積蓄下來扭轉回彈的力量，這股力量將成為揮棒時的能量。

實用要點 2

專心捕捉擊球點

這裡的擊球點和**祕訣No.01**提到的擊球點不同。只要在手腕回正的瞬間打擊出去，球就會輕易飛得比預期還遠。因此，要先從細微的動作開始，集中精神捕捉擊球點，同時也不要太過用力。之後再慢慢加大力道，提升揮棒速度。

實用要點 3

揮棒動作要精簡均衡

可能會有人覺得揮棒動作愈大，球就會飛得愈遠。不過要是揮得太用力，導致姿勢失去平衡，那反倒是本末倒置。光是揮棒動作大，並不能有效傳遞力量，於是便會發生明明動作很漂亮，球卻飛不遠的狀況。就算動作稍微小一點，有良好平衡的揮棒動作也會讓球飛得很遠。

Let's 做做看！

用長打練習來檢驗飛行距離

建議選擇把球打飛很遠的長打練習。因為是只靠自身力量擊球的練習，所以很容易確認球的飛行距離是不是跟自己預想的一樣。

做不到時的檢查點 

要是光用表面的肌肉，就會很難運用到身體內部的肌肉。扭轉軀幹，有意識地去使用身體內側的肌肉。

祕訣No. 07 ▶▶▶打擊

落實擊球策略，推動跑者進壘

能聽從選手席的指示打出指定球路。

一開始要以做到自己最好的打擊為目標

假設現在跑者在一壘。當選手席給出「把球往右打，協助跑者進壘」的指示時，打者常常會因為過度意識到擊球方向而做不出自己應有的打擊動作。這樣一來，不管是想讓跑者還是自己上壘都會變得很困難。

先把自己的打擊動作做好是第一要件。必須以此為本，再去聽從選手席的指示朝指定方向擊球。

實用要點

1. 往反方向擊球時，要立起球棒大力揮棒
2. 順著自身方向擊球時，要克制身體的朝向
3. 速度型選手要瞄準三游間

實用要點 1

朝反方向擊球時，要豎起球棒大力揮棒

在選手席指示「向右打」的時候，打者因揮棒太慢而擊球無力的情況不在少數。畢竟這樣很容易變成球棒頂端下壓的打擊姿勢。說到底，擊球球路是看擊球點來劃分的。立起球棒，在主動迎向球的意識下全力揮棒。

實用要點 2

順著自身方向擊球時，要克制身體的方向

一旦有想要拉棒擊球的想法，就很容易在擊球動作上把身體拉得太開。但是這樣力道便會分散，無法集中在擊球點上。此外也往往會變成只先揮球棒的掛打姿勢。重要的是克制身體的轉向幅度，並用這種強而有力的姿勢拉棒打擊。

實用要點 3

若想活用自身速度，就要瞄準三游間來打

如果是左打者，便以三游間為目標。就算打出的是游擊方向的滾地球，只要打得夠遠，形成內野安打的可能性就會很高。如此即便是力氣小的人也能上壘。這是速度型打者會想瞄準的路線。該注意的點跟**實用要點2**一樣，小心身體一拉開就會變成掛打姿勢。收合身體來打很重要。

Let's 做做看！

打不出來時就別打

就算選手席發出指示，也要根據對方投手的配球和自身狀態來判定擊球策略，因此有時也不用照指示做。若是打不好，就不要拘泥於擊球策略，大膽打出去吧。

做不到時的檢查點

會不知不覺在打擊時把身體拉得太開的人，最好努力鞏固擊球姿勢。想像身體左側有一道牆，反覆練習空揮，藉此改掉壞習慣。

秘訣No.08 ▶▶▶打擊

用「拉打」的感覺 提高朝反方向打擊的能力

以確實又強力的打擊把球打回去，而不是順勢推打到反方向。

好的打者，朝反方向擊球也一樣強勁

想提高打擊水準，就必須掌握往反方向擊球的技術。也就是說，右打者得學會往右打，左打者習得往左打的技巧。

說到往反方向擊球，也許大家第一時間想到的是「推打」，不過要是以這種方式來打擊，容易打出單純靠猜測的軟弱擊球，所以必須多加留意。一名好打者，應具有向反方向強力擊球的能力。

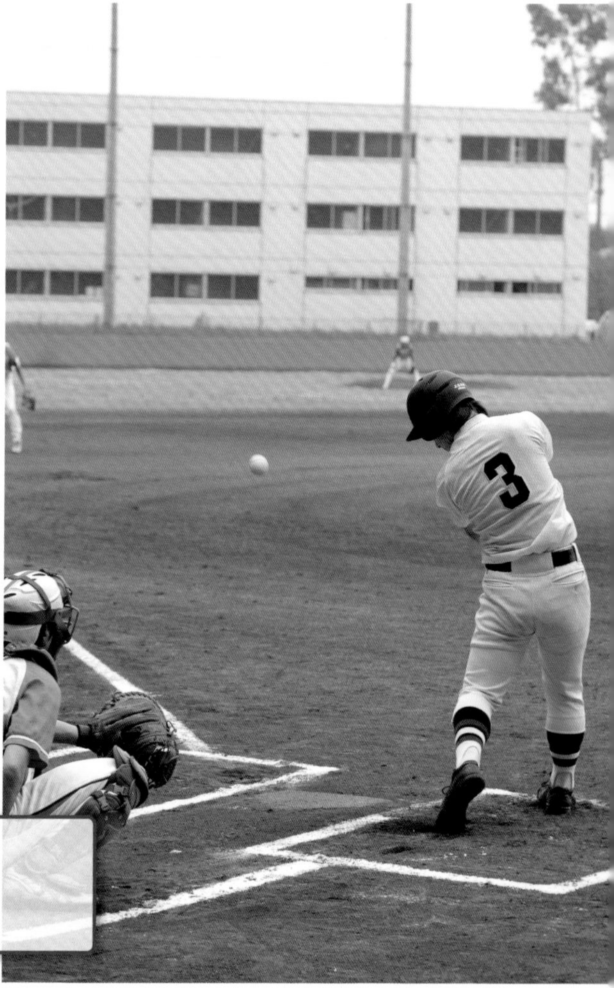

1. 夾緊手肘、腋下
2. 用「拉打」的感覺來打
3. 立起球棒頂端

實用要點 1

夾緊手肘跟腋下，大力揮棒

說到推打給人的印象，或許大家會想像出一個打擊時身體搖晃不穩的樣子。不過，這正是擊球力道孱弱的原因。別讓身體搖晃，而是確實且有力地揮棒打擊很重要。為此要把手肘跟腋下夾緊，一旦伸長手肘、張開腋下，力量就會分散開來，所以要多加小心。

實用要點 2

反方向的打擊也要「拉打」

即使在往反方向擊球的時候，也不要想著用「推打」的方式擊球。畢竟這樣很容易養成單純輕輕點一下的打擊動作。無論如何，都要保持「拉打」的意識。因此，主動迎向球打很重要。在這個基礎上，以拉打的感覺揮棒到底，這樣便連反方向也能擊出強而有力的球。

實用要點 3

抬起球棒頂端，往反方向全力揮棒

在朝反方向擊球時，球棒頂端往下的人很多，但這樣就不能打出力量強勁的球，而且也很容易擊中球的下方，因此會打出很多界外球或高飛球。要想強力擊球，就要抬起球棒頂端來揮棒。在朝反方向打擊的時候更要特別注意。

Let's 做做看！

請搭檔從反方向拋球

在一般的打擊練習中，面對右打者會從右斜前方拋球打擊。不過，要練習朝反方向擊球的話，從左斜前方拋球會比較好打。試著專心用「要強力拉打」的感覺來練習看看吧。

做不到時的檢查點

不管怎樣練習，都很容易會不小心張開腋下或下壓球棒。這時只要用配合球來打的心情，從拋球打擊練習開始慢慢習慣就好。

祕訣No. 09 ▶▶▶打擊

犧牲觸擊的姿勢擺高一點，再主動朝較低的球打

這裡能改善　減少失敗的犧牲觸擊，可以支援跑者進壘。

犧牲觸擊的成功率要以100%為目標

犧牲觸擊是一種必須百分百成功的攻擊手段。盜壘或打帶跑的失敗不可避免，但犧牲觸擊是必須確保成功的戰術。甚至要說是「**犧牲觸擊的成功率決定比賽走向**」也不為過。

在一開始就具備這樣的意識非常重要。只要抱持這個想法辛勤學習技巧，就可以成長成一名擅長犧牲觸擊的打者。

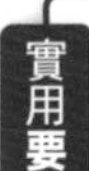

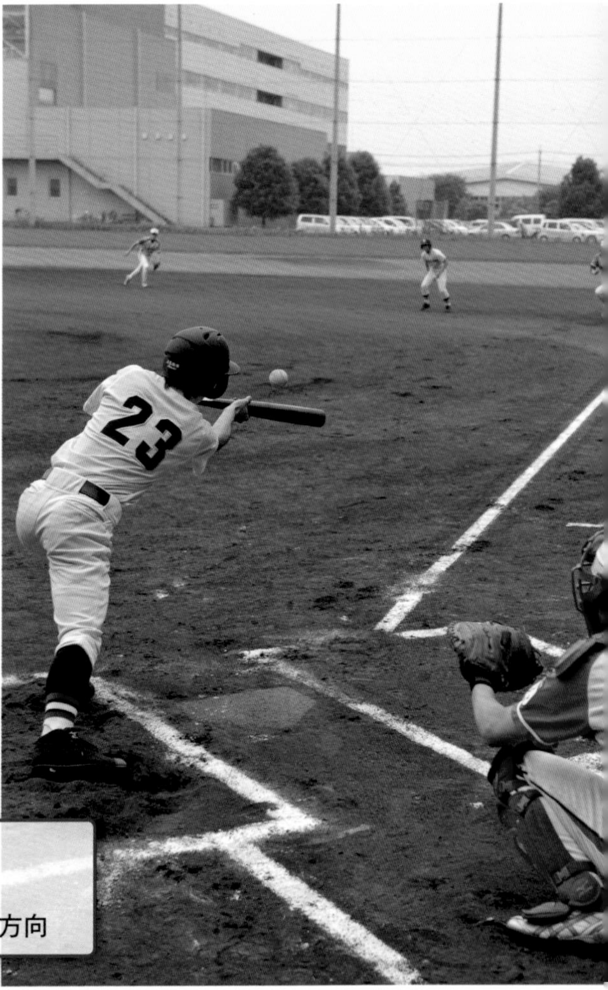

實用要點

1. 球棒擺高
2. 用膝蓋抓高度
3. 把球棒對準自己想打的方向

實用要點 1

把球棒擺在好球帶的頂端

球棒要擺在自身好球帶的最上方。只要擺在這個位置，就可以放過不打比這個位置還高的球，專心在往球棒下方來的球上即可。雖然也有人是擺低一點去打高的球，但這樣有打出高飛球的風險，因此要多注意。

實用要點 2

面對低球，就用膝蓋來調整高度

球棒頂端的位置擺高一點，再針對比球棒更低的球積極打出犧牲觸擊。不過在球的位置很難打的時候，也不要讓球棒頂端往下掉。若是光靠手部來打，多半會打成高飛球。在擊球姿勢不變形的前提下，靈活運用膝蓋來觸擊很重要。

實用要點 3

依目標方向來決定球棒方向

也許有人會覺得，觸擊短打是打算在擊球的瞬間拉一下球棒來抵銷球的威力。尤其是從硬式棒球轉來軟式的人，這種傾向就更強烈。然而，過度抵銷球威多半會讓球滾到捕手容易接的地方，造成觸擊失誤。因此事先把球棒固定在想擊出的方向上，再用把球推出去的感覺來打。

Let's 做做看！

請搭檔在近距離投快速球練打

從近一點的地方投快速球，然後練習主動迎向這種球的觸擊。最好請投球的人幫忙確認你的動作，看看姿勢是不是有保持在高處、或是球棒頂端有沒有往下掉之類的。

做不到時的檢查點

做不到的時候，就請搭檔從近一點的地方輕輕拋出慢一點的球，先努力鞏固自己的姿勢。這樣的話，就不會出現那種想拉打球棒的心理了。

秘訣 No. 10 ▶▶▶ 打擊

以打出界外球的覺悟
瞄準界外線壓線來打

這裡能改善

不再打出滾到對方野手前的簡單觸擊球，提升觸擊成功率。

最大限度地活用軟式棒球彈跳力更好的性質

安全觸擊是讓自己上壘的一種手段。尤其**軟式棒球的用球彈力好，可形成有效的進攻手段。**

之所以這麼說，是因為要是讓球大幅上下彈跳，對方的守備陣容就會很難接到球。如此一來，便很有可能干擾接到球後的傳球。

硬式棒球的用球則不適用此技巧。**對軟式棒球來說，這種技巧非常容易實施，成功率也很高。**

實用要點

1. 做好打出界外球的覺悟來擊球
2. 瞄準界外線壓線
3. 在跑出去的同時擊球

實用要點 1

瞄準三壘壘線來打，做好打出界外球的覺悟

因為是想自己上壘而擊出的觸擊短打，所以要以打出界外球的覺悟，瞄準三壘線打擊。就算真的是界外球，只要下一次的打擊轉換調整好就好。犧牲觸擊會因壘上也有跑者在的關係不能這麼做，但這終究是一個安全觸擊，往極端刁鑽的路線打很重要。

實用要點 2

往一壘方向攻擊時，不論如何都要瞄準界外線打

在朝一壘安全觸擊時，以硬式棒球來說，瞄準一二壘中間來打是基本原則。但是軟式棒球的一壘手守備位置有時會比較靠前一點，所以目標訂在一壘線上，利用大幅彈跳的觸擊球進攻才是上策。因為一旦打出掉在投手面前很好處理的球就會馬上出局，所以擊球時須小心翼翼。

實用要點 3

要決出勝負，就要在跑出去的同時擊球

安全觸擊的打法有兩種。要麼重視精確度，要麼一決勝負。如果想重視精確度，就要瞄準界外線壓線。在對方毫無防備時，這會成為一個有效的攻擊手段。若想一決勝負，就在做好打出界外球的覺悟下邊打邊跑。建議因應狀況及選手自身能力來靈活運用。

Let's 做做看！

用手套來做控制練習

比如說，可以把工作手套之類的東西揉成一團，假裝它是一顆球，然後練習瞄準壓壘線的極端擊球路線。這樣即使不在球場上，待在室內也能鍛鍊控制力。

做不到時的檢查點

做不到的時候就別想東想西的了，總之先試著專注在「讓球滾動」上。只要讓球滾動，球就有可能跑遠。最糟糕的是觸擊時讓球飛高。

祕訣No. 11 ▶▶▶打擊

瞄準右外野手或游擊手打帶跑

能以打帶跑的方式協助跑者進壘。

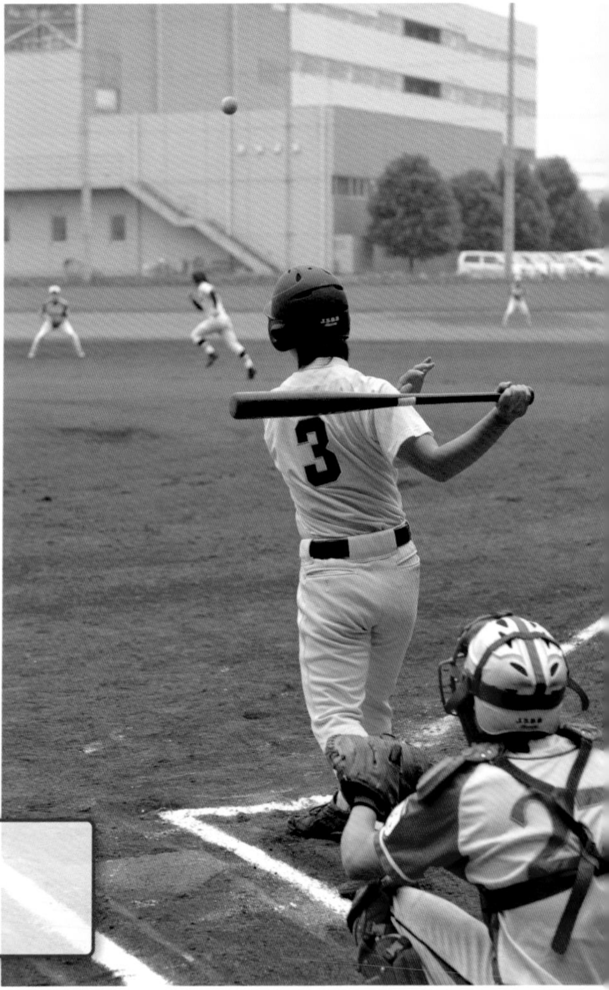

跑者一定要跑
打者一定要打

跑者在一壘時，希望能夠打造出自己上壘後形成一、三壘有人的局勢。在無出局或一出局之下請務必採用這種打帶跑戰術。

事先以暗號指示打者一定要打出去，然後跑者在投手投球的同時起跑。如果成功，**就能把跑者放入得點圈裡，於是便能展開非常有利的進攻**。可以嘗試積極採取這套戰術。

實用要點

1. 瞄準右外野手
2. 瞄準游擊手
3. 起碼要讓球滾地

實用要點 1

目標設在離三壘最遠的右外野

一壘有人的打帶跑，理論上是要打到右外野手方向。這樣做，就能讓球滾到離三壘最遠的位置，一壘跑者也就更容易進壘。另外，由於這會耽誤到在意跑者動向的右外野手傳球，所以打者自己上壘的可能性也很高。

實用要點 2

瞄準正要防守壘包的游擊手

以一項非常理的戰術而言，也有一種手段是瞄準游擊手的方向擊球。這是因為只要一壘跑者起跑，游擊手就會到二壘去防守壘包，空出他原本防守的區域。這是一種預測對方動向的戰術。並非一定都要往右外野手的方向擊球，而是因應狀況改變策略，這樣便能誘使對方動搖。

實用要點 3

打帶跑起碼要讓球滾地

打者絕對不能做的事是把球打高。因為跑者已經起跑，所以跑不回去造成雙殺的危險性相當高。在教練給出打帶跑的指示時，至少要讓球滾地。這樣一來，就會形成二壘有人的局勢，產生跟犧牲觸擊一樣的效果。

Let's 做做看！

威懾對方的野手

有時為了防範犧牲觸擊，對方的一壘手會趨前防守。瞄準這一點全力揮棒的打帶跑戰術也很有效。要是打出可以向對方野手施加壓力的一擊，效果會更好。

做不到時的檢查點 

指派兩名投手，左右交替擊球。最好先假設有跑者在跑，再去練習擊出往自己目標路線飛的滾地球。

祕訣No. 12 ▶▶▶打擊

用力擊球讓球彈起，藉此保住三壘跑者

掌握讓三壘跑者跑回本壘的打擊技巧。

活用軟式棒球用球的特性，直取分數

跑者在三壘時的打帶跑策略，是在軟式棒球上特別有效的作戰方式。之所以這麼說，是因為**對彈跳力好的軟式棒球用球來說，只要將球打得高高彈起，就能從中爭取讓三壘跑者跑回本壘的時間**。

硬式棒球用的球因為很難大幅度反彈，所以不容易做到這一點。這是一種軟式棒球獨有的「可直接取分的有效打擊戰術」，因此請一定要掌握這個技巧。

實用要點

1. 擦過球的上半部
2. 擊球時，身體別拉太開
3. 重要的是「絕對會打出去」的意念

實用要點 1

為了可以用力擊球，球棒要擦過球的上半部

能保住三壘跑者的打帶跑，是要用力把球打出去，而不是讓球滾地。如果僅僅讓球滾地，那只要球飛到對方野手的正前方，跑者就很容易被觸殺出局。在用力擊球時，訣竅是要讓球棒擦過球的上半部來打擊，這樣便能打出具高彈跳力的球。

實用要點 2

不要把身體拉到底，維持側身姿勢來擊球

一旦用力擊球的想法太過強烈，就很容易把身體拉得太開，形成一種由上往下砍的揮棒動作。這樣很有可能使球棒擦到球的前面，打出高飛球。不要砍，而是擊打；要做到這一點，打擊時身體不要轉得太開是關鍵。保持側身姿勢，確實且用力地擊球。

實用要點 3

重點是在小幅度揮棒的基礎上，添加「絕對會打出去」的意念

在執行打帶跑戰術上，必不可做的事是揮棒落空和看球不打。因為這樣會導致已經起跑的三壘跑者出局。至少也要讓球棒碰到球。因此，除了小幅度揮棒的技巧以外，「絕對會打出去」的心情也很重要。

Let's 做做看！

刻意嘗試NG姿勢

試著勉強自己把身體面朝投手方向，在身體拉開的狀態下擊球。打出來的球應該大部分都會是飛球。只要學習失敗的例子，便能連帶掌握成功的技術。

做不到時的檢查點

首先，沒有安排用力擊球練習的球隊很多。將其納為練習菜單的其中一項，以培育選手貫徹作戰策略的技巧吧。

只要知道就一定賺到

在賽場上表現更活躍的技巧

透過意識改革急遽成長 3 Point

在以軟式棒球與敵隊一決勝負時，
有時難以避免會用到硬式棒球的戰術。
倘若改變想法並實行軟式棒球的作戰方法，就有可能變得更強！

1 軟式跟硬式棒球是兩回事

一個打棒球的人，自然會被美國職棒大聯盟、職棒、甲子園等以硬式棒球進行的棒球比賽所吸引。期許自己能像大聯盟的松井秀喜一樣打出一個大大的全壘打。或像松坂大輔那樣，投出時速超過150公里的強力快速球來三振對方。然而，若問能不能在軟式棒球上重現同樣的打法的話，答案是「不能」。

2 用軟式棒球投不出時速150公里的球

一名有實力又打過棒球的人，很難以跟玩硬式棒球時同樣的機率打出全壘打，也幾乎不可能投得出時速150公里以上的球。因此，對於使用軟式棒球用球來比賽的我們來說，清楚了解軟式棒球，並且採取為勝利而設計的軟式棒球戰術很重要。

3 轉換成「打軟式棒球」的心態

我也在大學裡帶過軟式棒球社，在全國各地看過各式各樣的隊伍。很多隊伍每名球員在棒球上的實力都很強，但可惜的是，只要是看比賽，大多隊伍無論如何都會選擇硬式棒球。如果轉變心態，改成「打軟式棒球」的話，就有可能一口氣變強不少。

One Point Advice

試試看去思考這一點：軟式跟硬式棒球乍看之下非常相似，但內在卻截然不同。以軟式棒球的特點來說，其很難表現出速度跟飛行距離，同時還有劇烈旋轉的滾地球和彈跳力高的球等獨特的難點。在理解這些特質的基礎上打比賽是很重要的。

Pitching

投球

掌握能實際用在比賽上的投球技術。
解說有效的配球策略、變化球的使用方法。
同時也會介紹身為投手該做的心理準備，以及在隊伍所擔任的角色。

PART 2

祕訣No.13 ▶▶▶投球

把重心放在軸心腳上，扭轉軀幹以蓄力

學會穩固的投球姿勢，讓自己能投出強而有力的球。

掌握光從外在看不明白的投球技術

投球姿勢因人而異，沒有所謂的「一定要這樣做才可以」。不過，有些投球技巧必須得事先了解。

比如說，就算模仿投球姿勢抬腳也毫無意義。**在抬起腳的同時，要把重心移到軸心腳上，扭轉軀幹以蓄力，這才是關鍵。**

要學習這種光從外表看不出來、確實的投球技術。

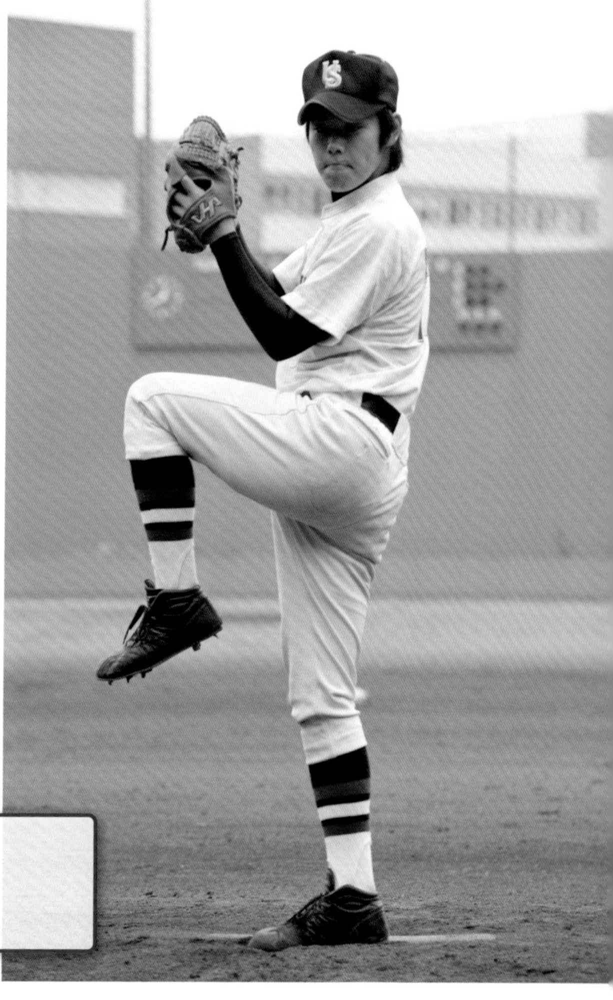

實用要點

1. 把重心放在軸心腳上
2. 扭轉軀幹
3. 膝蓋不要張開

實用要點 1

只要把重心放在軸心腳上，就能穩定投球姿勢的平衡

在開始做投球動作的時候，不是單純把腳舉高，而是好好將重心移到軸心腳上，這點很重要。透過這個動作，就能做好準備，在軀幹中積蓄力量。而且，這樣不僅可以確實豎立中軸，也能緩解對投球的急躁，穩定投球的平衡。

實用要點 2

以中軸為中心扭轉軀幹，把力量儲蓄在軀幹上

在**實用要點 1** 中已說明了確實將重心移到軸心腳上的必要性，只要配合這點，抱持以中軸為中心扭轉軀幹的意識即可。重要的是扭轉身體，把力量積蓄在軀幹之中。這將成為傳遞力量到球上的原動力，要讓自己能夠在投球的時候運用全身的力量。

實用要點 3

克制跨步時膝蓋的開合度，投球時盡量不要分散力道

注意投球跨步時的膝蓋運用方式。習慣膝蓋向外張開的投手意外地多。膝蓋一張開，腰和肩膀的線條也會順勢打開，導致積蓄好的力量難以傳遞到球上。跨步時盡量不要張開膝蓋。克制身體的開合，就能投出強力的球。

Let's 做做看！

試著違反「實用要點」

可以試著將「實用要點」的內容反過來做：投球時不把重心放在軸心腳上，不扭轉體幹，同時在跨步時張開膝蓋來投球。只要今後改正這些問題，就會對合理的投球姿勢有更明確的印象。

做不到時的檢查點 

試試在鏡子或玻璃前做空手投球的動作。檢查是否有確實將重心移到軸心上，也要確認有無張開膝蓋的壞習慣。

秘訣No. 14 ▶▶▶ 投球

在練習中展現努力的姿態，藉此獲得夥伴信賴

這裡能改善

做好當一名投手的心理建設，確實建立領導隊伍的立場。

投手的能力將左右比賽的八成

棒球是一項「一切都從投手開始」的運動。在足球或籃球這類團體競賽上，比賽會從各個球員身上開始，每一個人彼此都付出差不多程度的努力。然而說軟式棒球的比賽內容**幾乎有八成都是由投手的能力決定**並不誇張。

身為投手的人，要事先明確知曉自己必須做好那些心理準備，以及自己與其他八名選手不同，處在一個相當特別的立場。

實用要點

1. 取得隊員的信任
2. 考量運用其他八人的策略
3. 不要疏忽預防身體受傷的對策

實用要點 1

培養自信，獲得團隊的信賴

投手是一名站在球場最高的地方，象徵整個球隊的選手。他必須是全隊特別信賴的存在。如果不從平常開始努力，培養責任感和自信心，得到夥伴的信任，那就沒有資格站在投手丘上。這一點，必須牢牢刻在心上。

實用要點 2

仔細環視周遭，思考如何運用八名隊友

有時會有人認為投手處於一個孤獨的處境，但事實並非如此。野手們都抱持著「不管怎樣要為了這名投手處理好對方擊出的球」的心思。投手要想的，是如何善用場上一同比賽的八名隊友。可以說，環顧四周的能力也是很重要的投球技術。

實用要點 3

投手防範受傷是為了整個隊伍所應盡的責任

投手在一場比賽上大概會投出200球左右。賽前投球練習、比賽中的投球、再加上每一回合的投球練習……要投的球意外地多。因此，以肩膀和手肘為主的某些部位經常圍繞著受傷的疑慮。投手照看自身狀態，防範身體出現異常可說是為了整個隊伍所應盡的責任。

Let's 做做看！

帶頭投身練習之中

試著想一想如何率先帶領隊伍投入練習。重要的是，把自己引領隊伍前進的姿態展現給隊友們看。積極的態度將帶來信賴感。這一點，不管是職棒還是業餘棒球都一樣。

做不到時的檢查點 

嘗試與夥伴們進行比以往更多、更深入的交流。除了棒球以外，也可以主動聊聊日常生活之類的話題，如此便能加強彼此之間的信賴感。

祕訣No. 15 ▶▶▶ 投球

放球點的穩定會增加控球力

投球姿勢變得穩定，控球能力可以更上一層樓。

穩定的控球才是投球技巧進步的捷徑

在投球上必備的是控球力。不管球速再快，要是不能投出好球，比賽就無法有所進展。

想穩定控球，重要的是要讓放球點、投球姿勢和視線都處於安定狀態。

此外，若是控球不穩定，那也就不能以一名投手的身分享受投球的樂趣了。控球的穩定正是投球進步的捷徑。

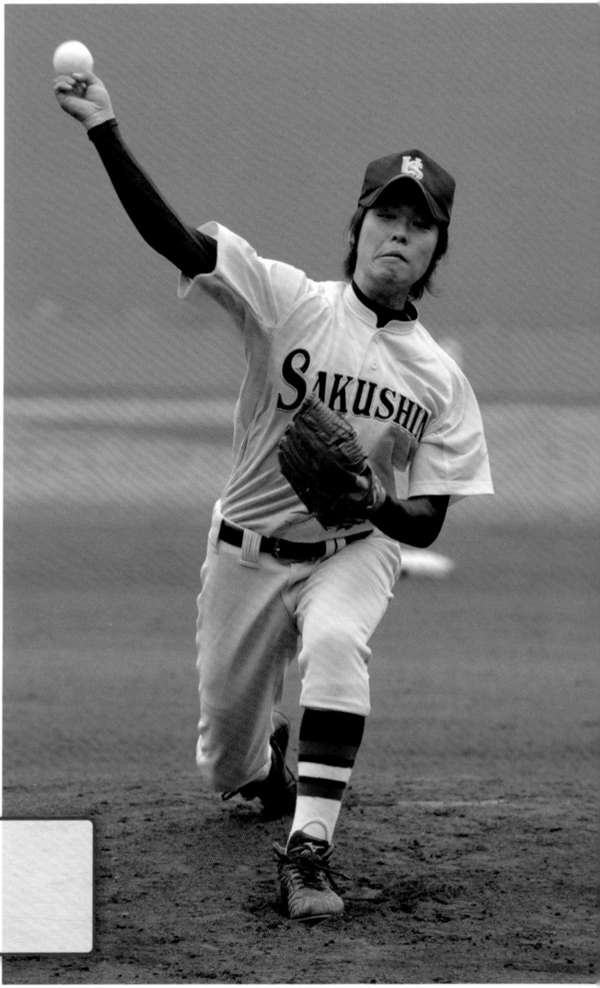

1. 固定放球點
2. 穩定視線位置
3. 維持投球姿勢的重現度

實用要點 1

改正多餘動作，穩定放球點

固定放球點對穩定控球來說非常重要。首先，要確認在放開球投出去之前的動作中，有沒有什麼不必要的動作。太想投出快速球時，需注意上半身不可以往後仰。不然投球姿勢的重現度就會崩壞，放球點也會很難固定。

實用要點 2

如果視線穩定，控球也會穩定下來

想要控球力好，目光穩定很重要。為了投出快速球，有時頭部會順勢極端地擺動。這樣到最後投出球為止都看不見捕手手套位置，無法穩定控球。只要冷靜並意識到視線的穩定，那目標也就定了下來。

實用要點 3

強化下半身，保持姿勢的重現度

有時投手在一場比賽上會投到200球以上。這樣一來，疲勞會漸漸堆積在下半身中，投球姿勢也會變得零零落落，也就會失去控球力。到比賽後半都保持同樣的投球姿勢很重要。必須透過跑步衝刺或重量訓練來強化下半身的力向。

Let's 做做看！

有意識地固定視線

試著有意識地穩定視線，用六成左右的力道做做看投球訓練吧。這時，最好請捕手幫忙指正放球點的位置偏差，並加以改善。

做不到時的檢查點 

以投球跨步的姿勢在鏡子或玻璃前空手投球。可以藉此檢查投球姿勢是否有不必要的動作，以及放球點是否固定。

秘訣No.16 ▶▶▶投球

利用內角球，使對手無法鎖定擊球位置

不只仰賴外角球，也可以運用內角球來投出豐富的球路。

要讓外角球發揮作用，往內角的投球不可或缺

說到投球，大概很多訓練都會瞄準外角低球來投。不少選手都有這種錯誤的認知，認為球只要投到外角就會很安全，而投到那個位置的球是好球還是壞球則是一項高級的投球技巧。可外角球並非萬能。實際上，**要活用外角球，必然不能缺少將球投入內角的技術**。有了內角球，外角球才會變得更加耀眼。

實用要點

1. 克制身體的轉向
2. 把球投進打者胸懷
3. 有效利用本壘板的寬度

實用要點 1

抑制身體的轉向，投出銳利的球

右投手在對右打者投內角球時，身體有時會拉得比較開。結果讓球自然產生類似噴射球的旋轉動作，變得無法有效控球，亦或投出一顆無力好打的球。克制身體的轉向，投出強而有力又銳利的球很重要。

實用要點 2

運用投進打者胸懷的內角球

擅長打外角球更勝於打內角球的打者很多。雖說外角球給人一種「很難打到球棒中心」的印象，但不是必然如此。反之，打內角球必須讓身體高速旋轉，而且不收緊手臂就無法打到球心。瞄準打者的胸口，把球投進內角。

實用要點 3

有效利用本壘板的寬度

試著以打者的角度去思考一個常用外角球的投手看看。因為只要小心外角球就好，所以很容易鎖定擊球目標。相反，一個也會瞄準內角投球的投手，由於無法鎖定一個目標攻擊，所以應當會令人覺得很難對付。本壘板的寬度最寬是30公分左右，有效利用這個寬度很重要。

Let's 做做看！

積極運用內角球

試試在模擬比賽的打擊練習中，積極投出內角球吧。建議將自己目前以投內角球為課題的事情預先告知教練和捕手。若是隊內訓練，那失敗也無所謂。

做不到時的檢查點 

如果沒有把球投向內側的決心，那可以試著自己當當看打者，藉此徹底清除內心的不安。這能讓你確切感受到內角球的難打之處。

祕訣No. 17 ▶▶▶投球

把球盡量往低處投，引誘打者勉強出手

這裡能改善 可避開易打出安打的位置，往較低的位置配球。

從平時練習開始，對投低球抱持強烈意識

身為一名投手，當然應該了解投低球的重要性。那麼，在有意識地往低處投時，你的投球可以做到什麼程度呢？雖然常說球會往上飄，但這跟投球技術是兩回事，**重要的是平時就要在懷抱「盡量朝低處投球」的心態下練習**。不這麼做的話，在比賽上突然瞄準低處投球時，就會因為平常不習慣而無法穩定控球。

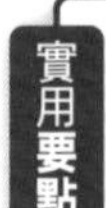

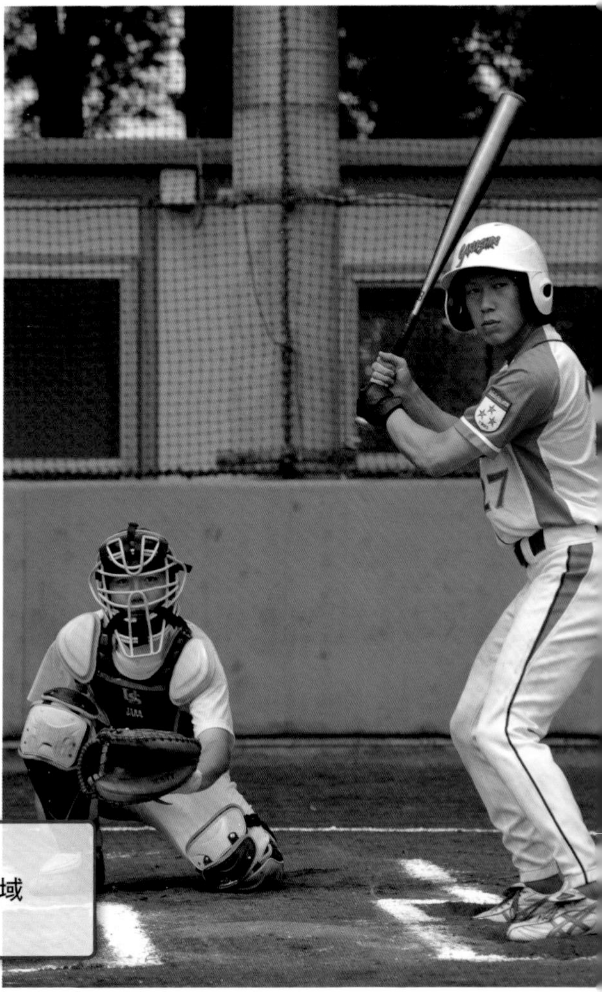

實用要點
1. 往低處配球
2. 避開容易擊出安打的區域
3. 仔細地投球

實用要點 1

只要往低位置配球，就很難打出安打

軟式棒球的球比較軟，很難營造飛行距離，所以不太容易打出安打。以此為基礎來投球很重要。就算投手讓打者安打，只要有心仔細往低處配球，那就不會連續被擊出多支安打。

實用要點 2

避開容易擊出安打的區域，把球集中在較低的位置

以皮帶的高度為準，往大約上下各2顆球的位置對打者而言不太難打，而且據說是最容易擊出安打的區域。投手應當瞄準的，是比這塊區域更低的球路。只要善加運用往這塊區域的配球，就可以引誘打者勉強出手。

實用要點 3

與其使勁投球，不如仔細瞄準低球

即使用力投出時速130公里的快速球，只要投到腰帶附近的位置，就會讓對方擊出安打。時速120公里的球即可，只要小心翼翼地投得低一點，就能壓低被對方打出安打的機率。最好在這個基礎上，努力掌握投出時速130公里低球的能力。

Let's 做做看！

投出低彈跳球也沒關係

因為不投快速球也可以，所以多練習往低處投球吧。畢竟是身負任務進行練習的，因此有時投出來的低彈地球會變多。不過，這是一個好兆頭。

做不到時的檢查點 

試著請對方在傳接球時投出反彈一次的彈地球。這能夠增加往低處投的意念，同時自然而然地矯正放球點的位置。

祕訣No.18 ▶▶▶ 投球

在下墜型變化球之中搭配高速低直球

這裡能改善

不再依賴變化球，而是能以直球一決勝負。

透過磨練直球 躋身高明投手之列

投球的基礎是快速直球──在比賽中占投手投球比例最高的球種──多則八成，少也至少五成。**直球能打磨到什麼程度，決定這名投手是否可以成為一名高明的投手。**

別太仰賴變化球，而是去磨練投直球的技巧，從結果上來說，這種做法也會使其他球種進步。重要的是，增加快速球的控球力和球速的變化。

實用要點

1. 運用高速低直球
2. 讓球速有所變化
3. 決勝球選擇直球

實用要點 1

想活用下墜型變化球，就要練好高速低直球

棒球裡頭有五花八門的變化球。但跟壘球不同的是，軟式棒球並沒有「上飄球」這種球種。棒球的變化球幾乎都是「下墜型」。若想活用這一點，速度快且位置低的直球會很有效。高速低直球與下墜型變化球的配球組合，具有很重要的意義。

實用要點 2

在相同的擺臂動作下改變直球的球速

直球的球速就算不固定也沒關係。縱使同樣都是直球，透過球速的變化，便能使打者難以把握擊球時機。也就是時而推一把，時而拉一把，擾亂對方的感覺。不過，如果投球擺臂動作改變的話，球種就會被打者看穿。所以重要的是，要以固定的擺臂方式靈活區分球速。

實用要點 3

決勝球採用直球

很多投手仰仗變化球來當決勝球。然而，球技水準愈高，就愈多投手選擇最後用直球決勝負。促使打者揮棒落空或擊球失敗雖是變化球的魅力所在，但對打者來說，最恐怖的球種仍然是威猛直球。

Let's 做做看！

盡可能讓擺臂動作定型

練習改變直球的球速。在「實用要點」中也解釋過，維持擺臂動作的固定很重要。一旦擺臂動作有所改變，你投的是快速球還是慢速球就都會被打者看穿。

做不到時的檢查點 

要是很難改變球速，就試試改變握球方式。如果是比平常握得更深、更牢，再用同樣的擺臂動作投出的球，球速便不會增加。

秘訣No.19 ▶▶▶投球

隨心所欲加入變化球 讓對方無法鎖定擊球目標

這裡能改善

能以同樣的投球姿勢投出各種不同的變化球。

為了發揮直球的效果而運用變化球

投球的基礎總歸來說是直球，但要運用變化球才能讓直球發揮作用。

在直球之間混入變化球，打者就無法鎖定擊球目標，也有使打者無法抓到投手球路的效果。

近年來出現各式各樣的變化球，請從中找出適合自己的球種。另外，為了不讓對方打者鎖定球種，一開始先投好幾種變化球給對方看也很重要。多多磨練你的變化球，才能在投球時斟酌使用的時機和球種。

實用要點

1. 以相同的投法改變球種
2. 第一球要用變化球
3. 也要在球速上添加變化

實用要點 1

不管哪種變化球，都要以同樣的擺臂動作投球

以跟直球一樣的擺臂動作投出變化球，是誘使打者出局的技巧。如果投球方式依球種不同出現明顯的變化，球種就有可能事先被打者察覺，反倒造成反效果。不管選用哪個球種，都盡量不要改變擺臂動作，這點很重要。

實用要點 2

第一球從變化球開始，令打者猝不及防

雖然也不是沒有例外，但相較之下，第一球等直球打的打者更多。考慮到打者的這種傾向，第一球從變化球開始投，就能輕鬆提高拿到好球數的機率。如此一來便能擾亂打者的節奏，使投手在該打席的勝敗中占據優勢。

實用要點 3

變化球不僅要改變軌道，球速也要有所變化

近年來，比起曲球，使用滑球的投手愈發增加。不過，變化球不只是單純讓球轉彎而已，球速的變化也是關鍵。若是為了活用直球而投的變化球，那球速降低的曲球或變速球等球種會非常有效。為球種增加緩急變化，便能加以靈活運用。

Let's 做做看！

試著投投看慢速變化球

意外的是，有的投手不擅長投慢速變化球。在牛棚練習投變化球的時候，可以試著摸索能極端降低球速的投球方式，並反覆練習。

做不到時的檢查點 

習得在5公尺左右的距離內將球從手中投出的感覺。此外，最好也要先學會把球握得比平常更深以抑制球速的技巧。

秘訣No. 20 ▶▶▶投球

利用在膝蓋附近變化的球路奪得三振

這裡能改善

掌握變化球的有效運用法，讓打者揮棒落空。

快速變化球本身就是使打者揮棒落空的武器

慢速變化球可以跟快速直球結合運用，而**快速變化球本身就是一個有效讓打者揮棒落空的手段。**

從與直球相同的軌道飛到手邊變化的球，誘使打者揮棒落空的機率很高。低球是打者的痛點，所以在膝蓋附近變化的球非常有用。在比賽上，當碰上球數落後等很難取得三振的時候，這很有可能成為一個有效取得好球數的辦法。

實用要點

1. 投出在低處變化的球
2. 運用縱向變化球
3. 讓球轉變成壞球

實用要點 1

變化球也朝低處投，就能引誘打者揮棒落空

跟直球一樣，在投變化球也很難讓打者空揮的情況下，往低處投的意識很重要。畢竟低球難打是棒球的一大原則。如果是好球，打者就必須出棒。而從低位置的好球轉變成壞球的球，將大幅提高揮棒落空的機率。

實用要點 2

縱向視野狹窄。所以要用縱向變化球

比起橫向運動的物體，人更不擅長應對縱向運動的東西。各位應該也會覺得橫向的視野比較寬一點吧。眼睛的形狀是橫向較長也是其原因之一。所以，在很難取得好球數時，最有效的變化球為縱向變化的球種。指叉球、變速球或縱向曲球等都相當有用。

實用要點 3

利用從好球拐成壞球的變化球

說到打擊練習，大部分都是進行擊打好球的訓練，所以打者雖然能打到位置很好打的好球，但對打壞球卻不太有經驗。因此，從好球轉成壞球的變化球就很有成效，可以引誘打者揮棒落空。

Let's 做做看！

掌握下墜型變化球

不少投手認為投出漂亮的指叉球或變速球等下墜型變化球很有魅力。實際上，只要掌握了縱向變化的球，就會成為一項可靠的武器。

做不到時的檢查點 

想投出變化球，放球時抽球的手感很必要。如果不懂放球的手法，就試著仰躺在地上，把球投向天花板，並且盡量不要讓球旋轉看看。

祕訣No. 21 ▶▶▶投球

不管是三振還是接殺出局，都要因應局勢來投球

這裡能改善　無論目標是三振還是讓打者打出去，都能準確判斷局勢。

掌握讓打者打出去接殺的投球技巧

身為一名投手，三振出局是非常吸引人的事。但是，能在一場比賽取得全部27次三振的投手並不多見。如果一味追求三振，就有可能會變成虛有其表，並非出於本意的投球。

不要光把目標放在三振出局上，**讓打者打出去接殺出局也很重要**。在這個基礎上，牢牢記住要根據情況來投球，例如有時會為了不讓跑者上壘而主攻三振之類的。

實用要點

1. 把平時的投球放在心上
2. 張弛有度
3. 運用策略決勝負

實用要點 1

用平時的投球模式決勝負，不要太過投入情緒

因為太想取得三振而試圖投出超速球或大幅度彎曲的變化球，結果常常會過度用力。要是不能控制自己，那就算竭盡全力投球也不可能拿到三振。保持冷靜的心態，一邊判斷自己平常是怎麼投球取得三振，一邊投球。

實用要點 2

張弛有度，好像打得到又打不到的投球術

牢記讓球看起來更快的投球技巧。舉例來說，在緊要關頭之前都用漫不經心的態度壓制對方；一旦危機到來，就投一個銳利的好球之類的臨機應變策略。即使從選手席看球速很慢，但打者一旦站在打席上就會不寒而慄——要以投出這種球為目標。

實用要點 3

看穿打者的習慣，運用策略決勝負

在不想讓跑者上壘的時候，取得三振是最佳計策。但是，若要專攻三振會很吃力。不要用力量來壓制對方，而是看清打者的習慣來決勝負。對方是不擅長滑球，還是苦於面對快速球？在用策略跟打者鬥智的同時不費力地投球。

Let's 做做看！

確切建立三振模式

試著在打擊訓練上重新審視一下自己取得三振的慣用模式。像是球速、球路、變化球的變化、使用多少球數等，要確立自己擅長的組合方式。

做不到時的檢查點 

最了解自己投球狀況的人，是一直在接你的球的捕手。試著跟身為輔助角色的捕手一起思考能取得三振的慣用模式。

只要知道就一定賺到

在賽場上表現更活躍的技巧

透過守備跟跑壘迎來好時機 3 Point

想在軟式棒球比賽取勝，該怎麼做比較好？
雖然在本書介紹了各個項目的理論，但綜觀之下，要以什麼樣的模式應戰才能獲得勝利呢？下面介紹一下我至今所經歷過的三大項論點。

1 包括投手能力在內，組建堅固的守備隊伍

愈是排名在前的競爭，就愈需要守備能力。而且還必須將這種高水準的守備力保持到整場比賽結束。不管對手帶來的壓力是大是小，在兩小時半左右的比賽時間裡，不只是投手，守備方全隊的專注力該如何保持下去不被中斷？這將成為勝敗的關鍵。

2 能不能運用腳程進攻

一提到棒球，人們通常只會想到投球跟擊球，但其實可利用腳程進攻的高超跑壘技術也是常勝隊伍的特點。跑壘不僅對推進到下一個壘包有直接成效，展現一次推進兩個壘包以上的成績也有威懾敵隊的影響力。強隊必定連跑壘能力都很厲害。

3 能否把握住大量取分的絕佳時機

在軟式棒球中，用一棒長打逆轉局勢的情況極為罕見。也就是說，機會並不會那麼頻繁地降臨。踏實推進打者，然後在好時機終於到來的時候，該如何不錯過這次大量取分的機會，將是比賽勝敗的關鍵。能在這當下提高專注力戰鬥的隊伍會贏得勝利。

One Point Advice

也許有人會理所當然地認為「高手不會犯錯」。但若達到全國大賽的水準，那來自對手的壓力也必定更大，容易使球員犯下平常不會犯的錯誤。是故不失誤便會帶來勝利。

Fielding

守備

了解軟式棒球特有的守備訣竅，
例如劇烈旋轉、高高彈起的球等。
並以習得比硬式棒球更需應對能力的高超技術為目標。

PART
3

秘訣No. 22 ▶▶▶守備

內野手三步，外野手五步。往前移一點，守備力更高

這裡能改善 能搞懂軟式棒球球擊出後的飛行方式，並在適當的位置防守。

整體守備隊形要比硬式棒球更往前

野手的守備固定位置在軟式棒球跟硬式棒球上有若干差異。**無論內外野手，軟式棒球的守備位置都較為往前。**

這是為了迅速抵達擊球落點所做的安排。軟式棒球的球比較不太會飛，也很難飛高。這些被擊飛的球球速也很慢，在硬式棒球的守備位置會很難追到這種飛不遠的球。因此在軟式棒球中，把守備位置稍微往前移一點很重要。

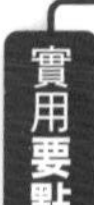

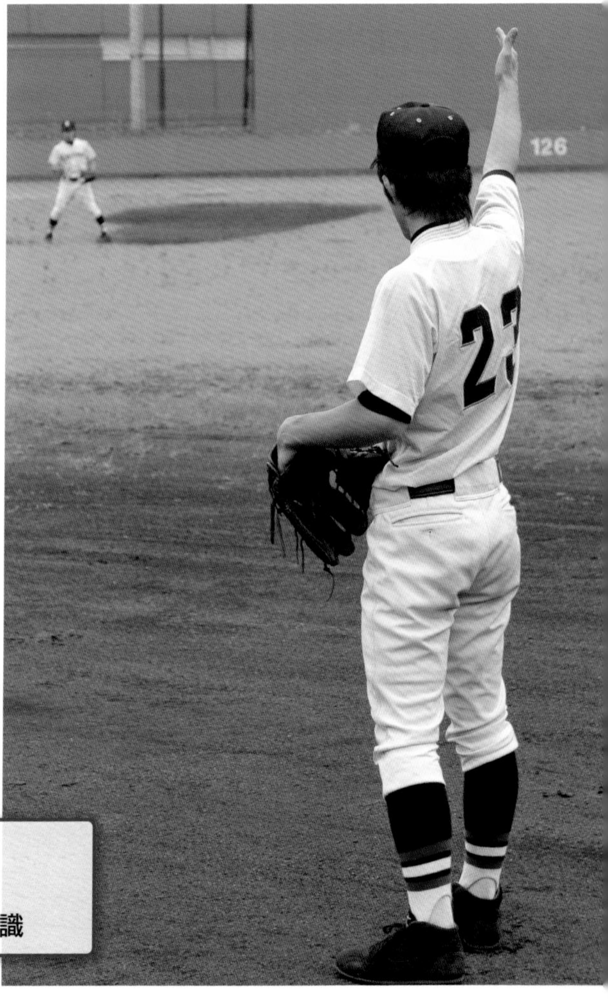

實用要點
1. 內野手往前站三步
2. 外野手往前站五步
3. 全隊都對守備位置有共識

實用要點 1

內野手要站得比硬式棒球往前三步左右

內野手的守備位置約比硬式棒球前移三步。軟式棒球有很高的彈跳球、沒打到球心而失去球威的球，還會有旋轉力道強的滾地球等，甚至有人說軟式對守備能力的要求比硬式棒球難度更高。另外，軟式棒球的傳球速度也不如硬式棒球那麼快，所以得有快速的反應力。

實用要點 2

外野手要站得比硬式棒球往前五步左右

外野手的守備位置約比硬式棒球前移五步。原因跟前面**實用要點1**一樣。就算是為了防範德州安打而做，趨前守備也是常識。不過，進入大學或出社會後，打者的力量也會開始顯現出來，所以對守備位置有更詳細的認識也變得重要。

實用要點 3

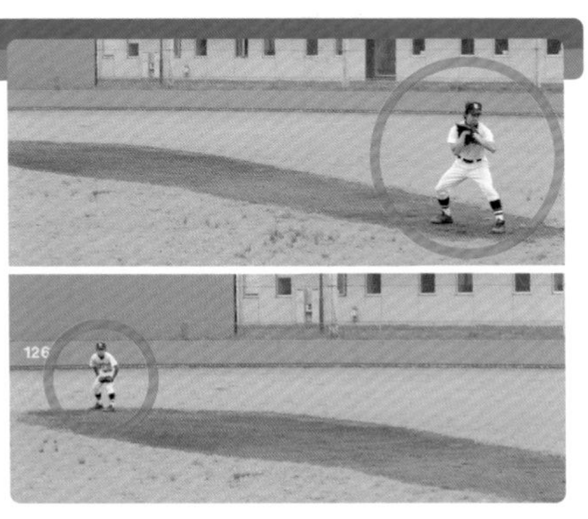

守備位置因選手而異，全隊都要事先了解清楚

守備位置會依照速度型選手、對肩膀能力有自信的選手等個人特長決定。重要的是全隊彼此都要對「誰會如何守備」胸有成竹。如果其他選手的位置出現變化，那自己也必須變更位置。只要可以因應選手個別守備能力調整守備位置，球隊的守備能力也能有所提升。

Let's 做做看！

再次確認自己的守備位置

重新檢查一下守備位置吧。內野手要確認經常出現彈跳球的地方，了解從接球到傳球的時機與所需時間。外野手則要確認前後左右的接球範圍，以及和附近隊友守備範圍的重疊區域。

做不到時的檢查點

要是無法把握守備位置，試著向捕手尋求指示。如此便能在指示中得知他從本壘板觀察到的感覺，像是以整個隊伍來說，哪個位置比較適合之類的資訊。

秘訣No. 23 ▶▶▶守備

變更守備位置，有利於鞏固我方守備

這裡能改善 能把守備位置的變更當戰術使用，建立毫無破綻的守備陣容。

因應局勢 微調守備位置

關於軟式棒球中的守備固定位置，前一篇已經介紹過了，不過在比賽時，只在配合隊友位置的區域防守是無法獲勝的。隨著投手投球內容的變化，多少也得對守備位置做一些調整，或是按照敵隊是強打還是用腳程進攻的差異加以更動。要看清當前局勢來調整守備位置。**因應各種情況微調守備位置，防禦對方的攻擊。**

實用要點

1. 掌握投手的投球風格
2. 掌握打者的打擊特徵
3. 將改換守備位置視為戰術

實用要點 1

守備位置要依投手的投球風格安排

弄清楚我方投手能施展怎麼樣的投球技術。是以外角球為中心攻擊，還是大膽運用內角球進攻？基於投手的投球內容，對方打者的擊球軌道也會受到一定程度的限制。可以結合這一點來變更守備位置。

實用要點 2

守備位置要依對方打者的打擊能力安排

雖然在比賽上初次交手的打者很多，但重要的是盡快掌握對方擊球的特徵，判別他往哪個方向擊球比較多。總之，不管右打、左打、長打或短打都運用自如的打者並不存在。此外，也要依他們與我方投手的適應性來改變守備位置，以有利的位置打造守備陣容很重要。

實用要點 3

結合團隊戰術改變守備位置

作為一個團隊，投捕組合會以什麼樣的方式進攻，野手又會如何應對，像這樣的戰術規劃在提高獲勝可能性上很重要。建議根據全隊戰術來變更守備位置，例如透過徹底攻擊內角來引誘對手出棒時，就鞏固好該擊球方向的守備，讓對方落入我方準備好的圈套之中。

Let's 做做看！

守備位置的變更要大膽

大膽改換守備位置很重要。不管是失敗還是成功，不實際試試看就無法有所體會。雖然很難在正式比賽上嘗試，不過若是練習的話，試著做得極端一點也很有趣。

做不到時的檢查點

跟隊伍負責人商量一下，試著把守備位置變更視為一項團隊方針來採納。一邊跟隊友喊聲招呼，一邊改變守備位置，互相確認好彼此的站位。

祕訣No. 24 ▶▶▶守備

能以「抓接」的感覺穩定接球

不會讓球在手套中彈跳，可以穩定地接球。

要注意不讓用球在手套內彈跳

在守備上必不可少的是接球技巧的熟練。尤其是軟式棒球用球會比硬式來得輕而軟，會在手套中彈跳，也會不規則彈跳，很難把握接球的時機，容易出現失誤。

要想接球接得好，不能只單純把手套伸出來，而是要用「抓接」的感覺來接球，這點很重要。

將目光配合球的高度，讓自己的動作與球的彈跳同步，這樣一來接球的成功率就會增加。

實用要點

1. 抓取接球
2. 目光對準擊出球的高度
3. 用自身動作配合球的彈跳

實用要點 1

用抓接的感覺接球，不讓球彈跳出去

在接球的時候，有些選手會有「只要把手套伸出去，順勢接住球就好」的印象。但在軟式棒球中，球容易從手套內彈跳出去，造成接球失誤。以「抓接」的感覺接球很重要，這樣才能穩定地接住球。

實用要點 2

沉下腰，目光對準擊出球的高度

很多選手會在接球時將腰挺高。腰部位置高，視線就會變高，同時想接的球與自身視線的距離也會變遠。雖說目光遠離擊出球的習慣是由恐懼感等原因引起的，但若有意識地將視線對準擊出球的高度，便能提高接球成功率，恐懼感也會減輕。

實用要點 3

讓自身動作與球的彈跳同步

軟式棒球用球特別容易彈得很高，彈跳方式也不太規則。相較於硬式棒球，會比較難把握接球時機，所以容易在很難處理的近身彈跳位置接球。使自己的動作與球的彈跳同步很重要。彷彿球自動飛入手套一樣，配合時機接球。

Let's 做做看！

目光盯準擊出球

試著在個人守備練習中反覆練習接球。這時打出來給人接的球不難接也沒關係。首先要把目光對準擊出球的高度，培養在球彈跳的位置接球的判斷力。

做不到時的檢查點

徒手接住對方用手滾來的球。因為球沒有威力，所以很好配合彈跳時機。而且也能了解到「抓接」的感覺。

祕訣No. 25 ▶▶▶守備

只要從接球者的角度思考，就不會傳球失誤

這裡能改善 能夠不再傳球失誤，提升球隊整體守備力。

從傳接球開始 集中精神，準確傳球

若提到在棒球練習上必做的事，那就非「傳接球」不可了。畢竟這早已成為練習中的例行事項，所以許多選手會忘記它的重要性，做得馬馬虎虎，因此衍生傳球不穩等問題。

從傳接球的時候開始，就要專心準確傳球。這是會排進日常練習的項目，所以只要堅持下去，傳球技術就一定會有飛躍性的成長。

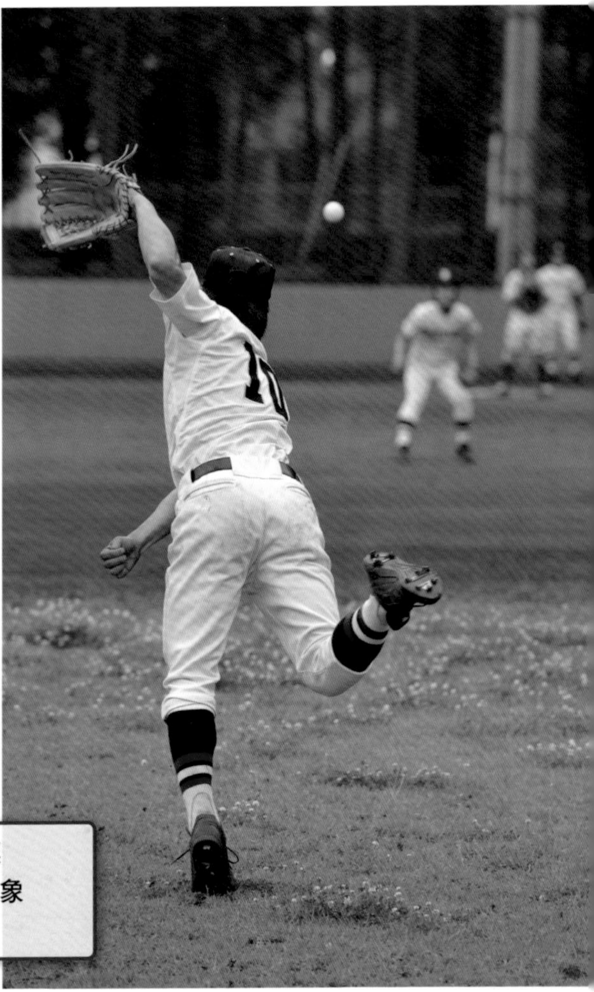

實用要點

1. 以成功率100%為目標
2. 溫柔地把球投給傳球對象
3. 盡量從上方傳球

實用要點 1

以成功率100%為目標，消除傳球失誤

在失誤中最常出現的是接球與傳球失誤。尤其是那種接球後，在隊上任何人都會認為「只要像往常一樣傳球就能拿到出局數」的情況下投出的差勁傳球──沒有比這更令人失望的了，而且之後也容易留下不好的影響。傳球應當要追求並以100%的成功率為目標。

實用要點 2

對傳球對象的溫柔可以預防失誤

就算說要對傳球對象溫柔，或許大家也是一頭霧水。如果自己是接球的那一方，你覺得什麼樣的球會比較好接呢？這便是一個出發點。在傳球給對方時，考慮接球者的立場，擁有「最讓對方好接，也容易接續下一個動作的傳球」的意識很重要。

實用要點 3

從上方傳的球比較好接

雖然有時也會因擊出球的落點而側身傳球，但傳球時要盡可能從上方傳。要是側身傳球，球就很容易產生類似噴射球的旋轉動作，令接球者很難接到球。尤其是外野手在向本壘傳球時，常常會投出反彈一次的彈地球。一旦球像噴射球那樣旋轉，就會在彈地的瞬間轉換軌道或失去球威，因此需多加注意。

試試50公尺的遠距離傳球吧

試著投出50公尺左右的遠距離傳球。遠距離傳球不僅僅是把球傳到遠方而已，還能成為一種學習控球的練習。這也是最適合投手的練習。用把球傳到對方胸前的想法來試著投遠距離傳球吧。

做不到時的檢查點

掌握傳球能力需要傳接球。只要能連續10球傳到對方胸口即可。接著可以嘗試左右肩交換之類的做法，有目標地去練習。

祕訣No. 26 ▶▶▶守備

迅速調整傳球姿勢，不給打者上壘的機會

這裡能改善　不是等球，而是去捕捉球，藉此提高傳球速度。

飛不遠的擊出球 特別需要更快的動作

在軟式棒球跟硬式棒球的差異上，球的速度具有很大的影響。軟式用球因為比較軟，所以投手投球、野手傳球和打者擊球等方面都很難營造出球速。

因此，**軟式棒球比硬式棒球需要更迅速的守備能力**。球的移動速度慢，野手從接球到傳球的一連串動作就得加快，這可不只是為了取得雙殺而已。

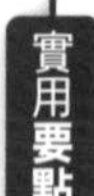

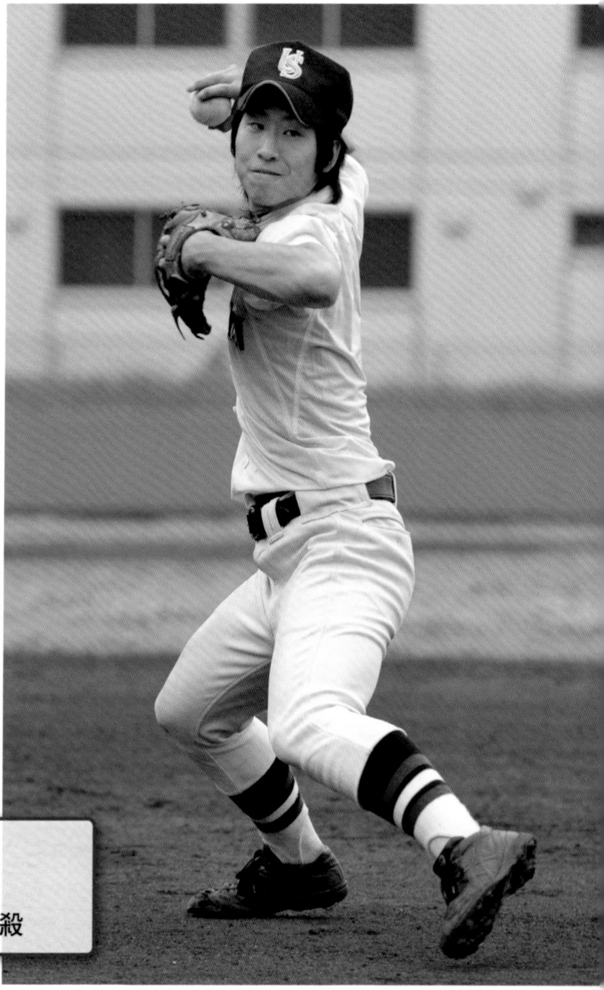

實用要點
1. 快速處理飛不遠的球
2. 迅速轉換成傳球姿勢
3. 改掉多餘動作，取得雙殺

實用要點 1

尤其對於飛不遠的球，更應具備儘早處理的意識

對防守方來說，打者擊出的球不快代表：若是滾地球，那不管球往左還是往右都很有可能追得上。如果是朝正面來，便會減輕恐懼感。不過，在處理飛不遠的球時，特別需要具備靈敏的動作。要是不快點處理好球，就等於給打者上壘的機會，因此得多加小心。

實用要點 2

一接到球，就馬上轉成傳球姿勢

在軟式棒球中，傳球的球速跟擊球一樣，都比硬式棒球來得慢。因此被取得內野安打或盜壘的機率就變得很高。重要的是一接到球，就迅速調整好傳球姿勢，及時轉換成投球動作。

實用要點 3

改掉不必要的動作，準確將球投到目標位置

雙殺是在軟式棒球上比較難掌握的打法。畢竟擊出球的速度不快，球飛到野手手邊需要時間，而且傳球的速度也很慢。正因如此，愈是高難度的棒球比賽，這項特質就愈具有巨大的意義。別做多餘的動作，確實將球投到自己瞄準的地方很重要。

Let's 做做看！

一邊練跑一邊接球

單純等待擊出球飛來是很難取得出局數的。建議試著從稍微後退一點的守備位置開始，在往前跑的同時進行擊球守備練習看看。這會加深積極往前，以及在距離打者很近的地方接球的意識。

做不到時的檢查點 

沒辦法順利進行的狀況，就不要奔跑，而是練習以走向前的速度接球。往前的意識與配合球彈跳的感覺很重要。

祕訣No. 27 ▶▶▶守備

劇烈旋轉的球 要看清旋轉方向再抓接

這裡能改善　能正確處理旋轉或高彈跳的球。

把手套朝球變化的方向伸，從而抵銷球的旋轉力

由於軟式棒球的球本身具有彈性，所以有時擊出球會展現出令人意外的反應，像是大幅度的彈跳，或是急速旋轉等。因此而產生接球失誤，或是招來危機的情況並不少見。

請試著搞懂處理特殊擊出球的辦法，並加以實踐。**正確把握擊出球的方向及高度很重要**。雖然捕手上方飛球之類的球路也很容易發生失誤，但不必慌張，只要接球抓到要領，就能充分應對這些球。

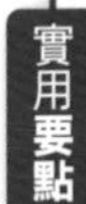

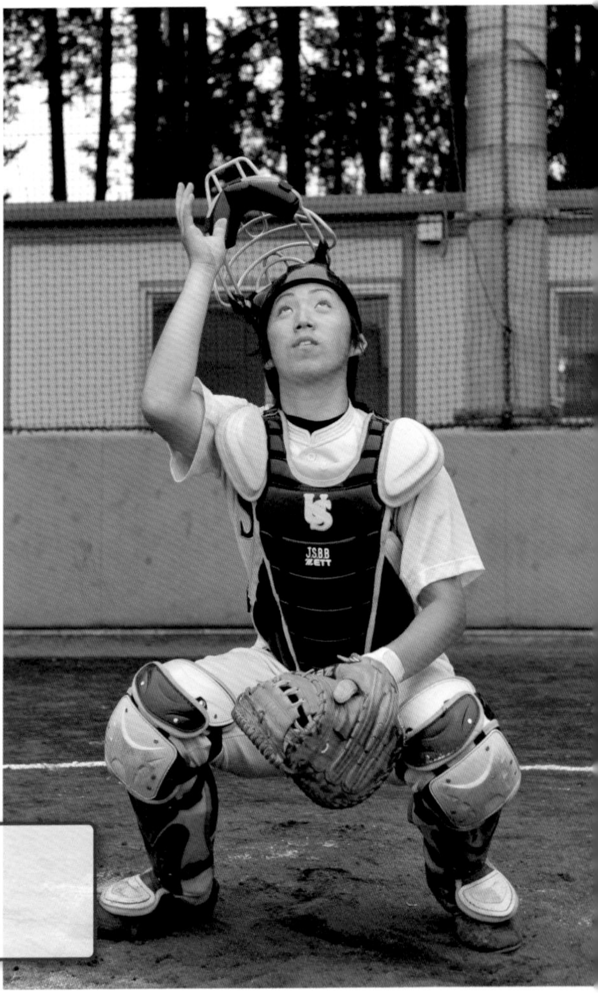

實用要點
1. 辨別球的旋轉方向
2. 在彈到頂點前接球
3. 用腹部夾抱球

實用要點 1

看清旋轉方向，牢牢抓接飛球

需要處理急速旋轉擊出球的人，主要是投手、捕手、一壘手和三壘手。重要的是先把握好球的旋轉方向。朝因旋轉的效果而產生變化的擊球方向伸長手套抓接球，抵銷旋轉的力道。球一旋轉就容易彈飛，所以要扎實地「抓接」球。

實用要點 2

在球抵達第二次彈跳的頂點前接球

對付軟式棒球特有的大幅彈跳，首先，要在球彈到第二次彈跳的頂點前處理。一旦球到達第二次彈跳的頂點位置，跑者就會在球滯空的時間內安全上壘。至少也要在第二次彈跳的低或中彈跳位置接到球。

實用要點 3

旋轉力強的捕手上方飛球要用腹部附近夾抱

捕手上方飛球有時也會因球的旋轉力而彈飛。如果是拉高的捕手上方飛球，基本上以左肩上面的部分接球最為可靠。但若是更低一點，而且在旋轉的捕手上方飛球，就要用腹部附近夾抱接球，以防止球彈飛出去。

Let's 做做看！

練習接大幅度彈跳的球

請人幫忙打出大幅度彈跳的球，試著確認自己能在球彈跳的哪個位置接到球。尤需注意的是往二游間方向的擊出球。處理球時不要讓球在第二次反彈時彈得太高是一大重點。

做不到時的檢查點 

嘗試直接請人用手扔球，而不是用球棒拋打，然後練習在約5公尺遠的地方接球看看。

秘訣No. 28 ▶▶▶守備

投手的守備強度會給敵方打者沉重壓力

這裡能改善

能夠掌握以投手的身分參與守備的技術。

不只投球而已。投手可是「第九名野手」

投手常被人稱為「第九名野手」。然而令人意外的是，我卻經常看見在守備上偷工減料，防守意識薄弱的投手。

投手的責任並不光只是投球而已。補位、處理觸擊球、喊聲招呼等，為了成為高手，這些**作為第九名野手該有的認知必不可少。**此外，若是加強投手的守備能力，還能期待藉此提升全隊守備意識的效果。

實用要點

1. 準確處理滾地球
2. 跑到防守壘包上
3. 準確處理觸擊球

實用要點 1

別胡亂處理滾地球，應確實地執行

在投手守備上需要的是確實性。要是出現投手前滾地球，全隊的人都會第一時間認為對方出局。所以倘若觸擊球的處理失常，或是傳球投壞了的話，隊友受到的打擊就會很大。一旦看到這種畫面，隊伍整體的士氣都會萎靡不振。投手的守備要求的就是這種確實性。

實用要點 2

若打出一壘方向滾地球，就要跑到一壘壘包上

無論在什麼樣的情況下，面對一壘方向滾地球時，投手都要跑到一壘壘包上防守。只要補位不夠及時，就算是勉強擊出的球，也有形成內野安打的風險。若是二壘方向滾地球，也會出現一壘手去接球而空出一壘壘包的情況，所以投手一定要跑去補位。

實用要點 3

準確處理觸擊球，給打者施加壓力

處理觸擊球也是投手的重要任務。關鍵在於守備如何有效防止跑者跑到下一個壘包。認為投手守備能力好的打者，在觸擊時會有「不能讓球往容易接的方向滾」的壓力。這股沉重的壓力將成為使對方無法自由進攻的阻礙。

Let's 做做看！

把重點放在守備上練習

可以試著在練習賽時把投手的守備意識加入課題中。一壘方向滾地球的應對、對觸擊球處理的積極度等，要像這樣養成將重點放在守備上的心理準備。

做不到時的檢查點 

太過拘泥於投球內容的話，有時會忘記針對守備的課題。事先拜託周遭的隊友，請他們每一次的投球都喊出聲音。

秘訣No. 29 ▶▶▶守備

捕手是守備中樞，要積極喊出聲激勵士氣

能夠作為守備核心發光發熱，而不只是一個單純的接球角色。

以一名防守領袖的身分，給予野手適當的指令

全隊唯一面朝方向與其他隊友相反的人就是捕手，因此，他可以掃視整個守備陣容。**捕手需要具備從俯瞰視角針對守備位置給予指示，或是負責傳達適當傳球路線的作用。**

另外，捕手也經常被人說是投手的輔助夥伴。能否發揮投手的優勢，關鍵在捕手身上。捕手是必須成為防守中樞的存在。

實用要點

1. 也需承受投手情緒
2. 推測選手狀態
3. 對野手下達指示

實用要點 1

不只接投手的球，也要承受投手的情緒

捕手要一直與投手溝通，這一點很重要。竭盡全力地照顧投手的情緒，像是維持當天的狀態或心情等。捕手的任務不是單純的接球。能夠連同投手的情緒也一併承受是很重要的。

實用要點 2

推測投手或對方打者的狀態

無論是活用還是毀掉投手都取決於捕手的表現。在腦中浮現下一球、下一個打席的同時，也要引導投手發揮其最佳的投球表現。因此，儘早察覺投手當天的狀態，以及推測對方打者的特徵等資訊，並控制好配球方式的做法就變得很重要了。

實用要點 3

對野手下達指令，喊出聲音激勵守備意識

作為調整守備節奏，傳達適當指令給守備陣容的角色，最重要的選手——捕手。他是發出暗號指令的中心，在他喊出聲音的同時，也會激勵守備陣容的防守意識。重要的是，他不只要照顧投手，也要多方留意整體的守備狀況，控制守備節奏。

Let's 做做看！

冷靜掃視周遭

在比賽中試著實際執行防守領袖的任務吧。不僅要發出比別人更多的喊聲，也要冷靜環顧四周。隊伍整體的流暢度也會隨著下達指令的時機點而愈發順利。

做不到時的檢查點 

從日常練習開始努力以一名防守領袖的身分行動。可期待這個舉動帶來隊伍傾聽捕手，增加守備專注力的效果。

秘訣No. 30 ▶▶▶守備

利用預料之外的牽制球來讓跑者出局

利用直擊對方疏漏的牽制戰術順利刺殺跑者。

給跑者施加壓力，別讓他們隨意跑壘

所謂牽制戰術，就是用各式各樣的打法干擾對方跑者，運用牽制球等手段搶奪出局數的戰術。**例如針對對方跑者疏忽大意的空隙投牽制球，或者全隊主動做一些假動作之類的。**這些手法只要展示幾種，就能給對方的進攻施加壓力，讓對方在精神上有所退縮。這是即使拿不到出局數，也不讓對方隨意跑壘的有效戰術之一。

1. 使用預料之外的牽制球
2. 藉由假動作攻擊對方漏洞
3. 給對方展示一下牽制戰術

實用要點 1

加入超乎常理、預料之外的牽制球

不是一直去投牽制球，而是瞄準對方跑者放鬆警惕的空隙再投，這樣才有效果。比如說，現在是一出局，一、二壘有人。基本上，這時多半只會牽制二壘跑者一個人，一壘則意外不作警戒。如果從此處著手實行牽制戰術，就有可能擺脫危機。

實用要點 2

全隊一起做假動作，抓住對方跑者的可乘之機

假動作有五花八門的類型。要舉一個例來說的話，就是假裝做處理觸擊球的動作給對方看，促使跑者離開壘包。在這個基礎上，一旦捕手進行牽制，就能進攻跑者的疏漏，好讓對方出局。全隊都要加幾個假動作來干擾跑者。

實用要點 3

展示牽制戰術來向對方施加壓力

就算僅僅展示幾項牽制戰術，也能為對方選手帶來壓力。對方在進攻的時候，並不只是單純讓打者打擊出去而已。也會考慮在運用跑者的同時擾亂守備，引來好的局勢。正因如此，不讓跑者隨意跑壘的牽制戰術才會有效。

Let's 做做看！

讓對方慌了心神

在隊內互相討論幾個牽制戰術，並試著積極接受這種作戰方式看看。一開始請在練習比賽上嘗試。即使沒能取得三振，只要讓對方跑者心慌就可以說是一次成功。

做不到時的檢查點

動作生硬的牽制戰術是沒有效的。很有可能全隊的協作會串不起來，所以必須大家一起反覆練習才行。

祕訣No. 31 ▶▶▶守備

別把目標放在雙殺，至少取得一個出局數

這裡能改善　避免因常見失誤致使跑者和打者都安全上壘的危機。

正因擊球並不困難，觸擊球處理才易讓人輕忽

觸擊球的處理有時會令人掉以輕心。大部分的擊出球都不會讓人覺得很難接，所以容易出現漏洞。此外，若是打算勉強讓對方出局的話，有時動作會變得粗率潦草，結果擴大危機。

更加慎重地比賽，別把危機放大很重要。將至少取得一個出局數的想法謹記在心。踏實穩健的打法也會慢慢變成對手的壓力。

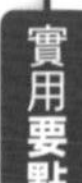

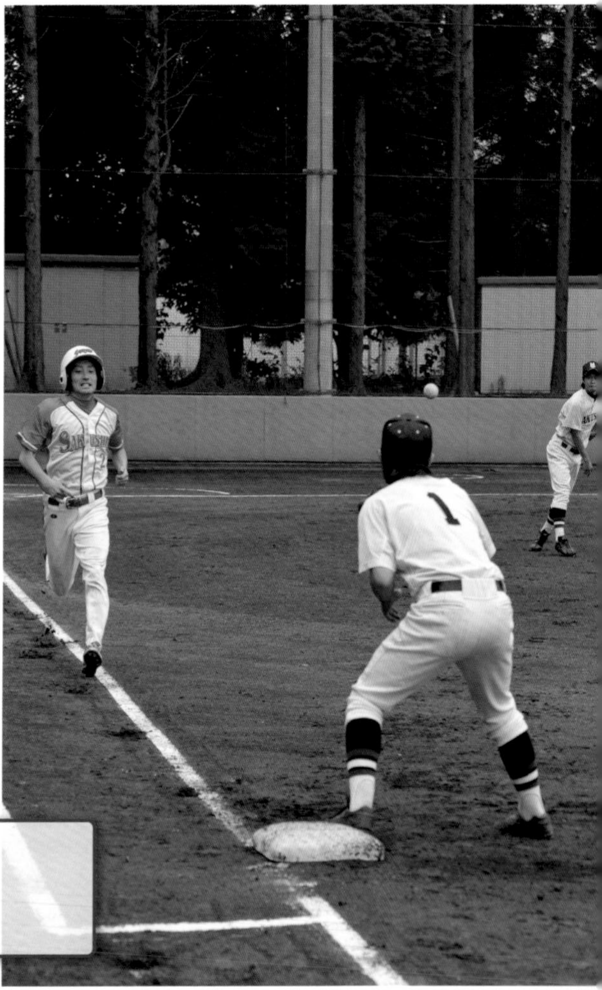

實用要點
1. 至少取得一個出局數
2. 以喊聲互相知會
3. 別讓對方隨意觸擊

實用要點 1

別強求雙殺，至少拿到一個出局

在處理觸擊球上最優先的是「至少取得一個出局」。一旦勉強追求雙殺，動作就會變得粗率潦草，結果別說一個出局都拿不到，甚至還有可能擴大危機。無人出局一壘有人，跟一人出局二壘有人的觸擊球，在處理方式上存在著相當大的差異。

實用要點 2

突擊短打要喊出聲音來接

不讓對方打者隨意觸擊的重點有兩個：一是擋住觸擊方向，另一個則是投不容易觸擊的球。連同投捕組合在內，三壘手還有一壘手的守備很重要。無法進壘的對手會因此受到相當大的打擊。

實用要點 3

別讓對方打者隨意觸擊

處理觸擊球時，要小心的球是高彈跳球與突擊短打。高彈跳球的處理，要在球彈得還不高的時候接住，不把時間留給對方很重要。而突擊短打的重點則在於互相喊出聲音，冷靜應對。此時也別忘記防守壘包。

Let's 做做看！

好好執行補位

最容易疏忽懈怠的地方是補位。確認隊伍處理觸擊球的一連串動向，一邊試著練習補位。透過安排負責觀察整體情況的人，並連細微的部分也一併修正，進而獲得處理觸擊球的自信。

做不到時的檢查點 

全隊一起假想下一次協作的狀況很重要。倘若具備在極短的時間內設想「這種球飛來的時候該如何應對」的意識，將會很有成效。

秘訣No. 32 ▶▶▶守備

外野手信任補位支援，將積極防守牢記在心

這裡能改善

可以積極投入比賽，而不是消極地等球過來。

外野守備範圍擴大，投手也能更積極地進攻

以人稱「外野手守備範圍很廣」的隊伍為目標。如果有這樣的後背守護自己，投手便能大膽向打者進攻。

「守備範圍很廣」，光這句就是積極防守的證據。俗話說「外野後面空無一人」，雖然有的選手會因此變得動作消極，但只要補位就能解決問題。不可以被動地防守。外野手需要比內野手更大膽的防守表現。

實用要點

1. 相信補位，大膽守備
2. 意識到比賽的進展
3. 展現肩膀的力量

實用要點 1

相信隊友補位，大膽防守

人們常說「外野後面空無一人」，但在高水準的球隊中，是右外野手就去補位中外野，身為中外野手便補位左右外野。因「後面空無一人」而不大膽行動，將形成消極的防守作為。相信隊友的補位，並大膽地去防守。

實用要點 2

意識到比賽進展，積極地防守

雖說積極防守有其必要性，但能一邊仔細思考比賽的進行，一邊進行比賽的冷靜也很重要。儘管有分差、處於領先狀態，但也時常會發生因太勉強行動而將可以壓制在一壘安打的球變成二壘安打的情況。在留意比賽進展的同時，也不要忘記守備的積極性。

實用要點 3

在比賽前的守備練習上展示自己堅實的肩膀

由於外壘距離各壘包很遠，所以稍有失誤都會讓對方上壘。必須在大膽之中也保持慎重，像是把不漏球的正確接球動作牢記於心等。在比賽前的練習事先展現自己肩膀的力量很重要。如果先給對方隊伍留下很難進壘的印象，就能成為遏止對方上壘的力量。

Let's 做做看！

守備練習的擊球要打得近一點

若想表現外野的積極性，在比賽前的守備練習給對方留下印象是很重要的。擊球者應該把球打得又近又容易接，而外野手則是要積極地接球，展現自己肩膀的最好表現。

做不到時的檢查點 

如果因幹勁十足而在比賽前的守備練習中出現失誤，反而會適得其反。如果不行的話，就先在練習時反覆做同樣的訓練。粗率和積極是兩回事。

祕訣No. 33 ▶▶▶守備

外野手要「迅速」內野手要「預備」

這裡能改善 可以訂定守備的協作戰術，阻止對方跑者上壘。

以攔截動作阻止跑者進壘

如果來自外野的各種協作配合都很完美，跑者就不能隨意跑壘。但只要稍有閃失，就會被對方搶到一兩個壘包。

放任跑者隨意跑壘不僅是外野手的責任，與內野手建立平衡協調的協作關係很重要。

重點是，內野手得在攔截守備時跑到適當的傳球路徑上準備轉傳。

實用要點

1. 接球後盡快回傳
2. 投擲單次彈地球
3. 用假動作牽制跑者

實用要點 1

接球後馬上回傳內野

在軟式棒球中，打得到外野護欄的球不太多。因此，一旦遇到安打飛到外野護欄的時候，倘若姿勢不當就有可能產生轉傳失誤。接球後馬上迅速將球回傳給擔任中繼的內野手很重要。內野手要選定適當的轉傳位置，準備回傳從外野傳來的球。

實用要點 2

投出一次彈跳球準確控制球的落點

外野手直接回傳球到各壘時，要讓球彈地一次。雖然也有人教說不讓球彈地才是正確的傳球手法，但在有一定距離的情況下，如果傳球偏得太高會有讓對方上壘的危險，所以需盡量避免。讓球彈地一次，便能更快且確實地回傳到內野手的手上。

實用要點 3

表現出有所行動的跡象，給對方施加壓力

負責攔截守備的內野手，是對對方打者及後方跑者施加壓力的中繼站。在不必攔截時假裝去攔截球，這種不讓跑者跑到下一壘的假動作很有效。在細節上也不讓對方找到空隙，積極地展開防守。

Let's 做做看！

處理外野護欄的擊出球

試著練習處理飛到外野護欄的擊出球。雖然盡快抵達擊出球的位置很重要，但也絕對不要心慌。負責轉傳的內野手要喊出聲音，問清楚隊友想要傳到哪裡。

做不到時的檢查點 

由於也有傳球傳歪的風險，所以轉傳的位置盡量靠近外野會比較好。畢竟是用勉強的姿勢傳球，因此有時候也會傳不到自己預想的地方。

祕訣No.34 ▶▶▶守備

在球反彈到高點前積極接球

能處理好高彈跳球，防範跑者上壘。

不要給跑者有上壘的時間

在軟式棒球中，有需要特別注意的打者擊出球。很難處理的球比較多的這個部分，也是軟式棒球跟硬式棒球不同之處。

有彈性的軟式用球**擁有彈跳力好的特點，所以有時候會被迫應付球彈跳高度越過頭頂這種很難接的情況。**

這種球的處理一旦出現失誤，就等於是給對方得分的機會。因此平時多加注意是很重要的。

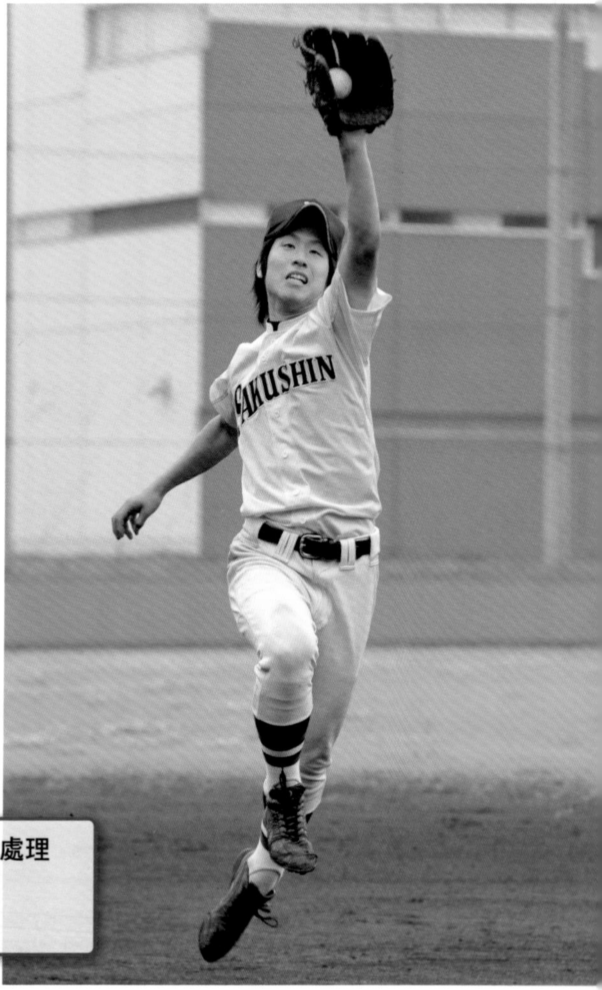

1. 在球第二次彈到高點前處理
2. 彈跳球要往前處理
3. 警惕德州安打

實用要點 1

越過投手頭頂的彈跳球 由二壘游擊搭檔去追

在投手面前觸地後高高彈到後方的擊出球很常出現。由二壘手及游擊手搭檔追擊並準確處理好這種球。重點在球第二次彈跳時的處理。就算是為了不給跑者進壘的時間，也要在球高高彈起前盡快接近接球位置，這點是一大關鍵。

實用要點 2

高彈跳的觸擊球，要積極趨前處理

有時觸擊球的彈跳幅度會很高，這也是軟式棒球獨有的情況。若捕手人在可以順利接球的位置是最好，但在投手、三壘手和一壘手必須去處理落球的時候，常常會出現耗費時間等球而無法讓對手出局的情況。積極趨前接球很重要。

實用要點 3

警惕德州安打，確實接殺高飛球

軟式用球雖然彈跳幅度很高，但擊出的球卻不會飛得很高，因此經常會落在外野手跟內野手之間，形成德州安打。尤其落在一壘手和三壘手後方的球很多。如果球落在一壘手後方就由二壘手處理，三壘手後方則由游擊手處理，隨時警戒德州安打，便能順利應付這種狀況。

Let's 做做看！

在跳躍的同時接球

飛到投手後方的高彈跳球，雖然只要二壘游擊搭檔在低彈跳位置處理好就好，但距離上卻有些勉強。練習一下在球彈到第二次的彈跳高點前跳躍接球的技巧。

做不到時的檢查點

稍微把守備的位置往前挪一點看看。如果變化太大，就有可能不好處理一般的球，所以「稍微」嘗試是重點所在。

只要知道就一定賺到

在賽場上表現更活躍的技巧

以一週兩次團體訓練進軍全國

3 Point

我帶領的球隊每週只有兩次團體訓練。
「你們是認真要打全國大賽的嗎？」經常有人這麼問我。但這七年來，我們已經稱霸聯盟六次，還參加了全日本錦標賽，在聯盟內也屬於核心的球隊。就讓我公開箇中祕密吧！

1 明確的目標意識比拉長練習時間更重要

為什麼團體訓練那麼少卻能不斷獲勝呢？這是因為我們的「練習目標很清楚」。反之，即使每天都在練習，也有的隊伍無力擠進大賽前幾名。在這之中，似乎有很多案例都沒有一個明確的目標意識。

2 要追求的不是時間長短，而是訓練強度

每天做同樣的例行訓練，是否不知不覺就能打發掉很多練習時間了呢？另一方面，相較於在能打棒球的短暫時間內，抱持著「要讓指揮官跟隊友看到我的實力！」的心情練習的人，哪邊更有效率？可以說，正因練習時間很短，選手才能集中精神協作配合，而且珍惜每一次的打擊及守備練習。

3 每一個人的努力日積月累

耐力和細部訓練需要每一天的努力。這些項目不用在團體練習進行，而是透過個人練習來彌補。每個人各自都要擁有為何練習的目標意識，並且予以思考實行，這樣才可以強化自己的能力。而且這也與自己履行對整個隊伍的責任有關。

One Point Advice

並非只要熟練練習就能變強。重要的是思考自己為了變強需要哪些條件，並針對每一天的練習反饋省思。僅靠長時間的練習並不能成為強者。帶著明確的目標意識去練習，就算是短時間也好，如此將會帶來巨大的成長。

Base running

跑壘

跑壘並不是單純跑得快就好。
要掌握更上一層樓的基本跑壘技巧，例如起跑的方法、
滑壘的訣竅以及過壘不停威嚇敵隊的辦法等。

PART 4

祕訣No. 35 ▶▶▶跑壘

展現全力跑壘的模樣，給對方施加壓力

這裡能改善　能夠實行干擾對方守備陣容的攻擊型跑壘。

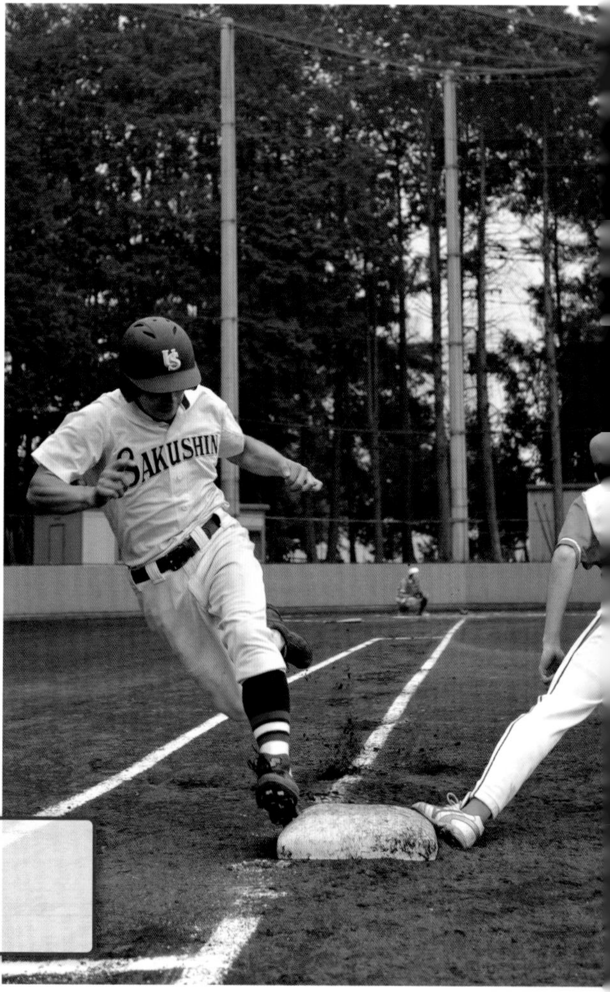

就算對腳程沒有自信，也要讓人誤認為是駿足選手

如果只靠打擊戰術，攻擊方式就會很單純；要是遇到實力稍微好一點的投手，進攻範疇會變得極其狹窄。這時便體現出跑壘的重要性了。去擾亂對手的守備，連投捕組合也不放過，這樣可以降低敵方對打者的專注。此外，也能對守備陣容施加壓力，藉此引誘對方失誤，形成有效的進攻手段。

就算知道會出局，也要不斷全力奔跑。這種態度會對對方造成壓力。

實用要點
1. 持續擊出刺拳
2. 遠遠離壘
3. 沒有指令也要假裝盜壘

實用要點 1

持續不斷地打出刺拳，扎扎實實地造成傷害

所謂「刺拳」不是用來擊倒對方的一擊，而是扎實造成傷害的拳頭。這一點也可以套用在棒球的跑壘。即使是內野滾地球或外野高飛球，也要全力以赴地跑壘，儘管出局，也要給對方施加「我們對下一個壘包虎視眈眈」的壓力，從而誘使對方守備失誤。

實用要點 2

大幅離壘，暗示盜壘意願

只要有腳程快的選手在壘上，對方就會感到不快。因此就算對腳程沒有自信，只要讓人產生自己是駿足選手的錯覺，便能成為對整個隊伍來說的重要攻擊。舉例來說，正因跑得慢才要離壘遠，讓對方看到你隨時會盜壘的可能性，像這樣給對方施加壓力。

實用要點 3

就算沒有收到指令，也要假裝盜壘

比如說，在一壘有人時，如果只是單純擊球後跑壘，或在收到盜壘指令後才開始跑的話，便無法擾亂對方的守備陣容。就算沒給出盜壘的指令，也要時常假裝盜壘，在每次投球時以「或許會盜壘」的態度來給守備方施加壓力很重要。

Let's! 做做看！

盜壘要以全隊的身分執行

在練習比賽或正式比賽中也必須統一意志，以一個團隊的身分嘗試盜壘。重要的是整個隊伍齊心合力進行，而不是只靠一名選手去實行。

做不到時的檢查點 

試著用添加跑者的比賽形式練習盜壘。只要反覆給守備方施加壓力，應該就能感覺到進攻節奏的變化。

祕訣 No. 36 ▶▶▶ 跑壘

保持六成進壘，四成返壘的意識

這裡能改善

可積極利用腳程進攻，與對方鬥智鬥勇。

安全上壘或出局取決於小數點後幾秒的差異

雖然包括盜壘在內的跑壘都是站在離壘一段距離的地方起跑，但通常這種習慣待在一定的距離內往同樣的方向離壘的作法其實沒什麼效用。盜壘是出局還是安全上壘，都取決於零點幾秒的快慢程度。

只要改變離壘方式，就能提高小數點後好幾秒的速度，順利進壘。

改變離壘的方向和距離遠近，或是加入假動作，必須在這方面下苦功與對手策略交鋒。

實用要點

1. 以6：4思考進返壘
2. 改變離壘方向
3. 改變離壘距離

實用要點 1

對下個壘包的意念是六成進壘，四成返壘

請試著思考，在離壘的時候，注意力是放在下一個壘包，還是返回壘包上呢？有些選手如果抱持強烈的返壘意識，一旦盜壘指令出現，會突然亂了節奏。根據狀況不同，對下一個壘包的注意力約在六成，返壘的意識則保持四成即可。

實用要點 2

離壘方向要依狀況區分

離壘方向大致上只分兩種：直直瞄準下一個壘包，或是把目標放在更後面的壘包而稍微靠近外野方向一點。必須按照教練給出的指令和進攻局勢來區分使用，不能每次都採取同樣的離壘方式。

實用要點 3

改變離壘的距離使對手無法捉摸行動

若是每次離壘的距離都相同，則無法對對手的守備施壓，也無法提高盜壘的成功率。拉大離壘距離，表現出有盜壘的可能，但其實並不打算盜壘；或是反過來縮小距離，使對方投手大意後再動作等，影響對手的判斷十分重要。

Let's 做做看！

改變離壘的方向

測試看看若改變離壘方向需要多少時間才能到下一壘。就算只有些微的差異，繼續測試往再下一壘的時間，就會出現明顯的差距。

做不到時的檢查點 

和隊友一起練習，確認離壘的方向和跑壘的路線。也可以將過程錄影，不斷修正和練習是關鍵所在。

祕訣No. 37 ▶▶▶ 跑壘

以右腳重心來備跑 就能順利起跑

起跑方式能有所改善，提高盜壘成功率。

用盜壘讓跑者進入得點圈

對進攻方來說，盜壘可說是拓展機會最有效的攻擊手段。原因在於：就算是一壘安打或觸身球，只要盜壘成功便能前進到二壘，也就是讓跑者進入得點圈。藉由盜壘可營造出等同二壘安打的得分機會。而且在軟式棒球上，當跑者推進到三壘就會形成一個得分的絕佳機會。瞄準盜三壘，積極運用腳程，主動發起攻擊。

實用要點

1. 從右腳重心開始
2. 擁有起跑的膽量
3. 盜三壘是得分捷徑

實用要點 1

把重心放在右腳，流暢起跑

盜壘的時候，很多選手會過度把重心放在左腳上。這麼做會造成時間上的損失，出局的機率也會變高。有意識地盡量將重心放在右腳上。如此一來便能流暢起步，增加安全上壘的機率。

實用要點 2

養成起跑的膽量

就算教練那邊給出盜壘的指示，也因為缺乏起跑膽量而不太能創造好的開始，這樣的選手意外地多。儘管具備50公尺短跑跑出6秒出頭成績的腳程，但若沒有起跑的膽量，盜壘就不會成功。要養成懷抱自信起跑的膽量。

實用要點 3

在軟式棒球中，盜三壘是得分捷徑

在外壘守備固定位置相對較前的軟式棒球裡，跑者因安打而從二三壘跑回本壘的機率與硬式棒球大不相同。把跑者放在三壘很重要，所以要積極主動地盜三壘。在二游間的動向或投手開始投球的節奏中出現的空隙，將會是一個重大的機會。

Let's 做做看！

在盜壘阻殺練習中盜壘

在隊上進行打擊練習時也該練習跑壘。另外，參加投捕組合的盜壘阻殺練習，學習在對方知道自己會盜壘的情況下還能勇於盜壘的技術。

做不到時的檢查點

盜壘起跑的練習只要兩個人就能進行。一個人假裝投球，另一人練習起跑。只要反覆交替練習，就能掌握高超的盜壘技術。

祕訣 No. 38 ▶▶▶ 跑壘

快到壘包之際採低姿勢，不減速地滑壘

能夠掌握速度不會損失的滑壘技術。

讓對方困惑投球方向，藉此妨礙傳球

如果是打過棒球的人，應該都知道滑壘是一項意外艱難的技巧。

尤其是在將出局未出局的危機之際，透過滑壘區分局勢的情形不在少數。

在對方的目標是雙殺的時候，滑壘具備各式各樣的效果，像是不讓對方輕易觸碰二壘，或是造成對方傳球判斷一瞬間的延遲等。

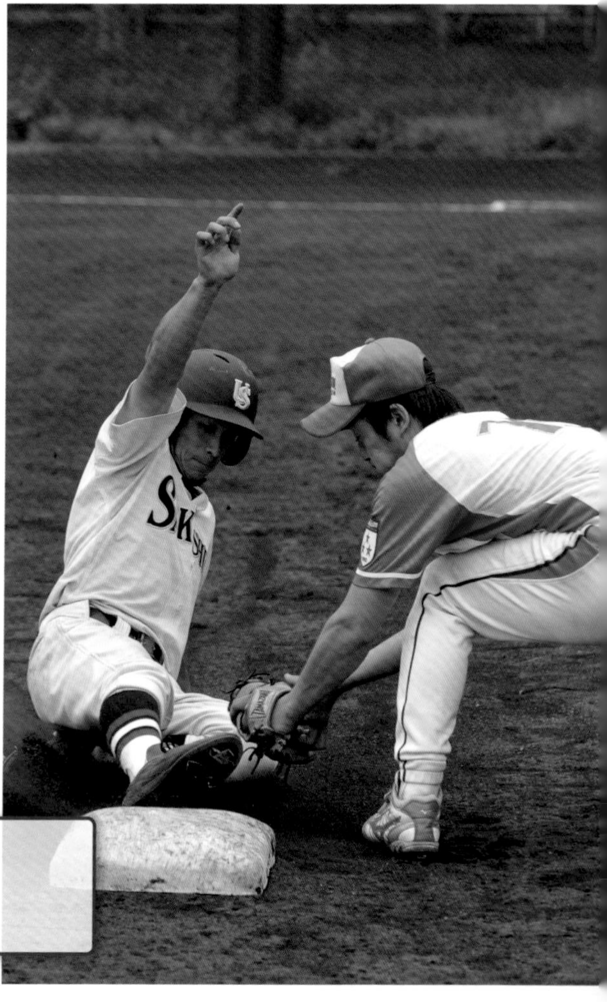

實用要點

1. 以低姿勢滑進壘
2. 以胸部或腹部著地
3. 從背後繞過去鑽空子

實用要點 1

腳前滑壘 要以低姿勢滑進壘

說到滑壘，通常指的是腳前滑壘。雖然大部分的選手都是採用這種方法，但因為臀部跟膝蓋會接觸到地面，所以會有極端降低跑速的傾向。要避免這種情況，就得在眼看就要滑壘的時候，採用較低的姿勢滑進壘包，這點很重要。

實用要點 2

頭前滑壘要從 胸部或腹部著地

順著奔跑加速度直接伸手撲向壘包的滑壘動作稱為「頭前滑壘」。有時動作會因恐懼感而膝蓋著地或放慢速度。盡量以胸部或腹部接觸地面，這樣才能不減速就滑進壘包。

實用要點 3

使用躲過野手觸殺的 滑壘技巧

熟練掌握躲過捕手擋球或野手觸殺的滑壘技術。在傳球傳得好的時候改變滑壘位置，一邊從外面繞過去，一邊試圖碰觸壘包。雖說這是一種高難度的滑壘技巧，但只要學會就能提高安全上壘的機率。

Let's 做做看！

繞道上壘練習

在繞道上壘練習中，可以請夥伴站在壘包前，多試幾種不同的滑壘方式。不只壘包前面，也要請他站在壘包後方之類的位置，設想各種情況來練習。

做不到時的檢查點 

跑步的距離並非必要。試著從2～3公尺前開始放慢速度練習看看，習慣以後再慢慢提高速度。

秘訣No. 39 ▶▶▶ 跑壘

過壘不停，積極進壘，藉此使守備陣容心慌

這裡能改善　透過連續推進壘包展現對下一個壘包的勢在必得，表現攻擊性。

使對方分心注意跑者，掌控進攻主導權

在跑壘方面比較容易忽略的地方是過壘不停。打出安打後，沉醉於自己的打擊而輕率地跑過頭的選手不在少數。

但是，**透過積極跑過壘包推進，可以向對方展示自己對下一個壘包的勢在必得，並施加壓力**。這是誘使對方失誤，並且能以下一個壘包為目標的重要戰術。

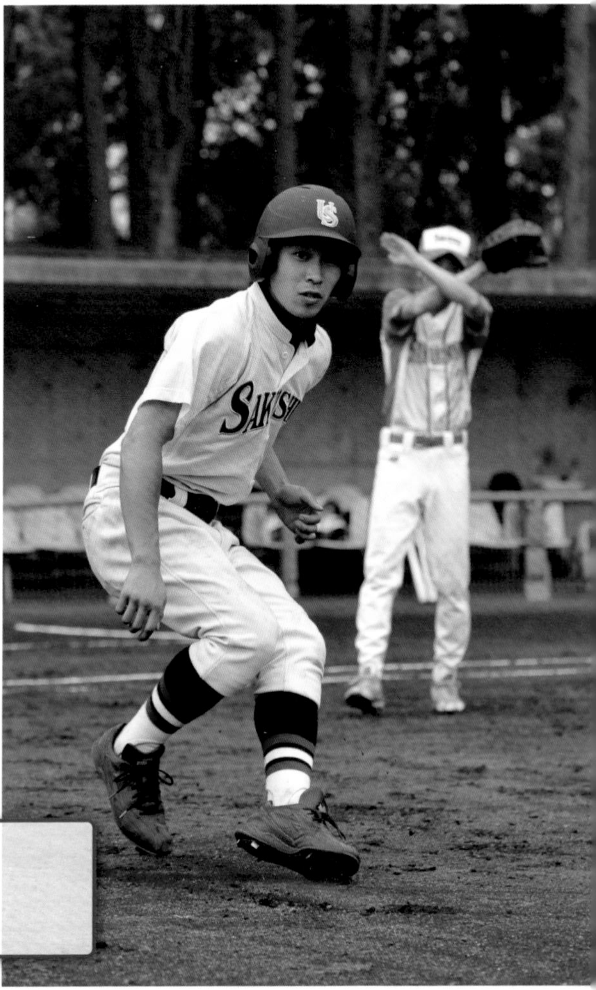

實用要點

1. 別減速
2. 讓對方分心注意跑者
3. 不要放過漏接球

實用要點 1

繞壘時不要減速

繞壘時，如果決定要過壘不停，推進到下個壘包的話，就絕對不可以降低跑速。這是為了積極表現出「只要有可乘之機，隨時準備進攻下個壘包」的態度。也是一種誘使對方犯錯失誤的技巧。重要的是，在到達極限為止都不要減低速度，大幅越過壘包。

實用要點 2

利用過壘推進 讓守備陣容驚慌失措

如果面對的是經常過壘推進的隊伍，守備陣容就會想盡快傳球。另外，也應該會喊出聲音，提醒隊友小心跑者目標在下一個壘包。換言之，這會導致守備陣容慌張失措。讓守備方的注意力放在跑者身上，藉此把握進攻主導權。

實用要點 3

不要放過對方的漏接，有空隙就瞄準下個壘包

在安打打到外野方向時，倘若對方的守備稍有一點點的漏接或失誤，就不可以放過這個機會。於是，要透過速度不減的過壘推進，不斷給對方施加壓力。在對方出現漏洞時，就能搶到下一個壘包了。

Let's 做做看！

有意識地過壘推進

即使是因外野高飛球而出局的狀況，也要嘗試過壘推進。從平時就要在跑壘練習等訓練中有意識地過壘推進，身體力行是很重要的。

做不到時的檢查點 

別怕在練習時失敗，試著積極嘗試過壘推進吧。只要稍微有一點可乘之機，便要以「就算出局也沒關係」的覺悟瞄準下個壘包。

祕訣No. 40 ▶▶▶ 跑壘

看穿對方的習慣動作就能成功跑壘

不只是單純的奔跑，還能看穿對手習慣，有策略地跑壘。

投手一有那個習慣動作，就必定會投牽制球

如果只有單純的「打擊出去時跑壘」、「盜壘」的話，跑壘就不會順利，也無法拓展隊伍的得分機會。

首先，重要的是**擁有看穿對方守備隊員習慣或疏漏的廣闊視野**。像是對方投手只要出現某個習慣動作時，一定會投牽制球之類的，找出這種有固定模式的動作。跑壘不只要有跑步的能力，擁有從對方的疏漏中找出機會的觀察力也是很重要的一項技巧。

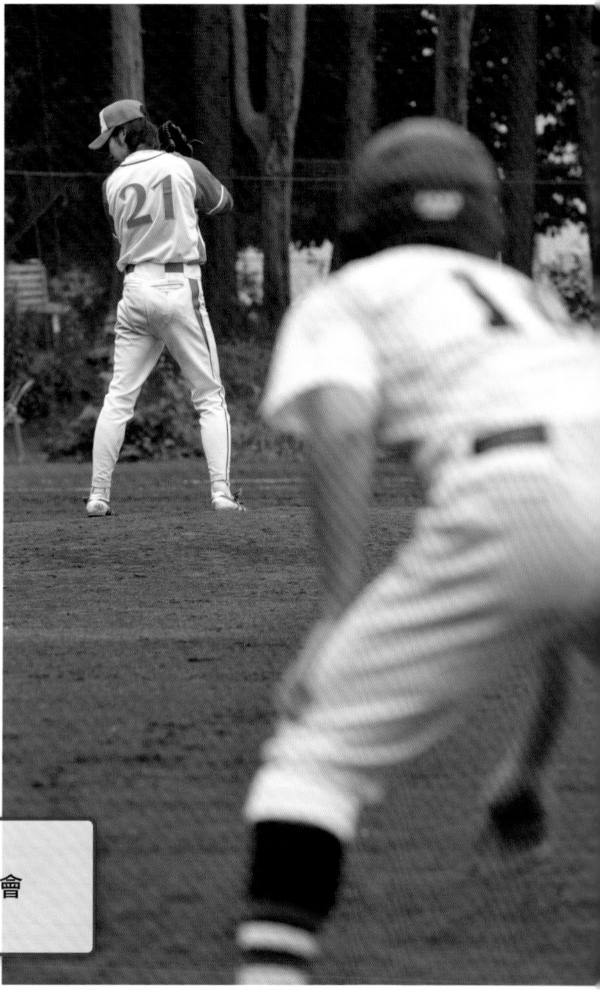

1. 分辨投手的習慣動作
2. 對方的漏洞就是跑壘機會
3. 在接球前起跑

實用要點 1

看穿對方投手的習慣動作

投手投球時會建立一套固定姿勢。從這短暫的投球時間中找出對方的習慣動作很重要。在投球前，有的投手會出現搖頭、動肩膀、移動膝蓋等習慣，因人而異。是一般的投球，還是投牽制球，在這方面形成固定模式的投手也是存在的，因此要去看透對方的習慣。

實用要點 2

暗中觀察對方的漏洞，找尋跑壘的時機

別放過對方野手接球彈開等失誤是很重要的。其他還有：考量到跑者不會進壘而慢慢處理擊出球，對內野攔截守備懈怠的動作等。重點是時常暗地觀察微小的疏忽，找出跑壘好時機。

實用要點 3

在捕手接球前起跑

跑者離開壘包後，有時對方會出現漏洞。普通的盜壘是離壘一段距離，在投手投球的同時起跑。不過，在捕手接球前起跑的「延遲盜壘」手段頗有成效。因為對方守備陣容當下沒有對盜壘的防範，所以容易出現可乘之機。

Let's 做做看！

仔細觀察周圍

試著好好觀察一下周遭吧。像是平常一起練習的隊友的習慣或疏忽之處，這會比較容易了解一點。建議可以把這些納入自己的練習之中，視為包括盜壘在內的跑壘訓練。

做不到時的檢查點

去看看比賽，並試著站在選手的角度觀察比賽整體狀況。因為不是自己在場上，所以可以從容地看透守備方的習慣動作或模式。

祕訣 No. 41 ▶▶▶跑壘

只要判斷「可以跑」，就要毫不猶豫地起跑

這裡能改善 能夠具備對打者擊出球的判斷力，適當決定當下是跑壘還是不跑。

累積判斷局勢的經驗與比賽結果息息相關

判斷擊出球落點也是很重要的跑壘技巧之一。「打者打到球就跑」的態度很難形成有效的攻擊。

即使只是一個滾地球，高手也能瞬間判斷出內野手的位置及滾地球的力度，迅速決定是否邁出那一步。

這一個個判斷的累積，會對比賽的得分和結果造成影響。

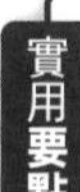

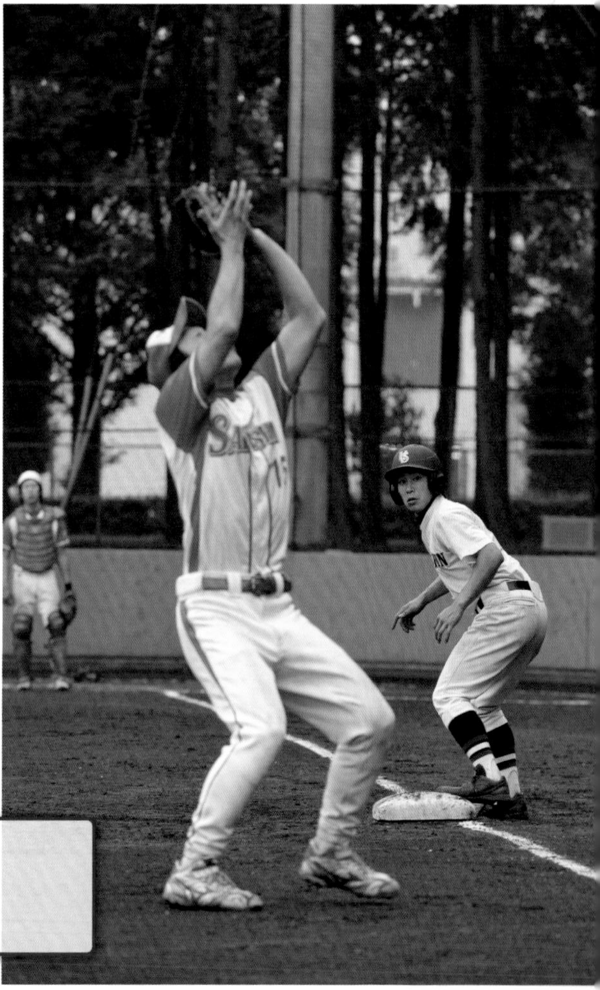

實用要點
1. 準確判斷平飛球
2. 準確判斷滾地球
3. 瞄準觸壘待跑

實用要點 1

準確判斷平飛球

例如「是平飛球，別跑壘！」這樣的提醒叫做「平飛返壘」。即使判斷是安打，只要飛到野手正面使打者接殺出局的話，連同跑者也會一併出局。但如果真的是安打，就能前進兩個壘包之多。重要的是透過經驗的累積培養看球的直覺，準確判斷球的去向。

實用要點 2

三壘有人時，
滾地球的判斷很重要

尤其在軟式棒球裡頭，會以無人出局或一人出局，三壘有人時的滾地球判讀來決定是否能夠得分。重點在於瞬間判斷內野手的位置、滾地球的力道、高度等資訊後，再決定是否邁出步伐。只要判斷可以直衝本壘，就不要猶豫起跑，這點很重要。

實用要點 3

野手接球姿勢不佳時，
就瞄準觸壘待跑

高飛球飛到外野時是要觸壘待跑，還是停在兩壘之間做壘間停留觀察情況，有時會很難判斷。當接住球的野手的接球姿勢不理想時，就試著把目標放在觸壘待跑上看看。隊伍能不能得分，會因這些狀況的判讀而出現分水嶺。

Let's 做做看！

培養判斷打者擊出球的能力

試著練習一下三壘有人的跑壘起跑。打者在打擊時用力擊球，跑者則觀察分辨擊出球的類型。如果在遇到速度快且低的滾地球時起跑，就會在本壘遭到觸殺。

做不到時的檢查點 

降低難度，用手動滾地球來練習跑壘。負責丟滾地球的人可以分別丟出各種不同的球，例如彈跳高的球、沒有球威的球及貼地滾地球等。

祕訣No. 42 ▶▶▶ 跑壘

就算腳程不快，也能充分造成威脅

這裡能改善　就算跑得不快，也能有效跑壘。

一邊考慮對方守備失誤的可能性，一邊跑壘

在軟式棒球中，隊上若有跑得特別快的跑者會非常可靠。畢竟這項能力不像打擊一樣，有順手跟不順手的差別，而且在對對手施加壓力上相當有效。

不過也常有一些選手被評價為「擅長跑壘」。儘管跑得不是很快，他們也是跑壘能力高超的選手。**只要擅長與對方鬥智鬥勇，這名選手的跑壘能力就能充分威脅到對方的隊伍。**

實用要點

1. 活用腳程速度
2. 連對方的失誤都考量到
3. 心懷自信

實用要點 1

掌握能有效利用速度的跑壘技術

在跑壘上，腳程速度是一大魅力。但是就算能在直線50公尺賽跑中跑出6秒出頭的成績，如果在繞壘時降低速度，或是因對方守備的牽制球而消極進壘的話，就無法發揮速度優勢。學會能充分發揮難得速度優勢的跑壘技術是很重要的。

實用要點 2

跑壘時，連對方的守備失誤都考量進去

跑壘能力不僅有速度，也包括自己與對方守備的策略交鋒。就算是盜壘，有時也會改變離壘距離，或是執行創造時間差的延遲盜壘戰術。在這種時候，一邊考慮對方出現守備失誤的可能性，一邊跑壘，這可以提升自己的跑壘能力。

實用要點 3

面對跑壘最重要的是自信

儘管隊伍會與各式各樣的對手比賽，不過在擅長跑壘的選手出場時，究竟是對方的哪項特質讓人產生這種感覺呢？大膽離壘，一盜壘就毫不猶豫地滑壘，一不留神就跑回了本壘──大概是這樣的選手吧。擁有自信是極其重要的事。

Let's 做做看！

引進跑壘練習

雖然也有很多選手不擅長跑步訓練，但還是建議大家積極且反覆地練習跑壘。在打擊練習結合跑者的訓練，如此便能進行類似實戰的跑壘練習了。

做不到時的檢查點

即使是捉迷藏和踢罐子這種追跑類型的遊戲，也可以當作一種跑壘練習。從中學習急煞與起跑，以及即將被抓到時的閃避方法。

在賽場上表現更活躍的技巧

最初先動手做做看 3 Point

在目前的體育界中，時常聽到「運動心理」這個詞。
不過我覺得只有先從這方面著手似乎不太好。
畢竟在最初毅然決然地投入最喜歡的運動才是最重要的，不是嗎？

1 光靠理論解釋不了

「運動心理」中有很多讓人信服的部分，這也是事實。但老實說，光看「運動心理」的思路，有時候會讓人感覺並沒有經過實踐就貿然下了結論。儘管能用大腦理解，但實際比賽卻有許多理論無法解釋的形勢。別變成紙上談兵很重要。

2 指南在比賽時行不通

不打職棒的選手們，在活動的當下有多少會去考慮「運動心理」呢？即使有人說「只要這麼做就能強化心理狀態」，但實際做起來並非易事。比賽中影響精神狀態的局面也很多，譬如在比賽中擾亂對手的心理戰術之類的。不過，只要回顧比賽，就會發現實際情況多半沒有單純到可以直接適用這些指南的地步。

3 大膽投入最喜歡的運動！

我覺得，「運動心理」是將專業運動基礎技術抬高到一定的基準上去思考的理論教學。它也能令人產生一個認知：不管說什麼，最後都會聯繫到心理學上。但是比起理論，一開始下定決心透過自己的身體去體會最喜歡的運動，這應該才是最重要的事吧。

One Point Advice

我並非是在否定「運動心理」的教誨。然而實際比賽並沒有單純到可以照著指南實行心理控制還能產生作用的地步，這也是實情。這正是棒球這項運動的艱難深奧之處。

Team play

團隊協作

掌握有靈活度的團隊策略，不再受限於從常識上決定攻守順序的方法，
而是可以臨機應變地變換戰術。不僅技術，本章也會提到
夥伴協作和尊重對方隊伍等與棒球選手的成長有關的內容。

PART 5

祕訣No. 43 ▶▶▶ 團隊協作

只要隊伍團結一致，就能發揮出更強的實力

這裡能改善　比賽不是個人表現，而是全隊團結一致以達成目標為目的。

讓全隊的意識朝向相同的目標

要在比賽中獲勝，提高個人技術是理所當然的事，然而愈是前幾強的比賽，就愈難僅靠個人技術取勝。重要的是，**隊伍全員的意識是否正朝著目標，往同一個方向前進。**

光是集結幾名選手組成隊伍是無法接近勝利的。個人的能力只有在隊伍團結一致的時候才能發揮到極致。

實用要點

1. 設立團隊目標
2. 不厭勞苦
3. 明白每一個人的重要性

實用要點 1

分析隊伍實力，制定團隊目標

目前隊伍內部的目標是否一致呢？試著開個會，冷靜分析一下隊伍的實力吧。在這個基礎上提出更高的目標，並且全員朝著這個目標往同一方向前進，這是最重要的事。唯有設定一個能讓隊伍團結一心的目標，才能讓通往勝利之路的棒球得以實現。

實用要點 2

因為有苦，所以才有樂

相對於艱苦的訓練和教導，有時也會出現「追求快樂打棒球」的選手。當然，偶爾有些笑聲也是理所應當的事，但畢竟這還是比賽，如果沒贏，最後便無法實現「快樂打棒球」。價值觀上的差異也是一點，但我覺得，若是沒有痛苦，我們也無法感到快樂。

實用要點 3

正確了解每個人的重要性

隊伍裡面當然會有擔任王牌投手或四棒打者的人，但並非只有這種選手才是特別的。如果有在比賽中不出聲，自以為自己是隊伍核心的隊友，那麼球隊大概是無法晉級的。所有成員對球對來說都很重要，少一個人，團隊都無法成立。

Let's 做做看！

珍惜使用有限的時間

除非是職棒選手，不然幾乎沒有幾個棒球選手會每天長時間與棒球打交道。試著盡最大努力珍惜地運用有限的時間，全隊一起專注在棒球上吧。把目標喊出來，埋頭致力於練習上。

做不到時的檢查點 

在隊上回顧自己小時候剛開始打棒球的模樣。那時曾經拚命追著沾滿泥巴髒兮兮的球跑。連同痛苦在內，這些回憶應該可以讓你重新認識棒球的樂趣。

祕訣 No. 44 ▶▶▶ 團隊協作

仔細觀察周遭，在熱情與冷靜間保持平衡

這裡能改善　能夠以一個團隊的身分合作，不再單打獨鬥。

透過喊聲招呼，加強隊友間的聯繫

因為是以球隊的勝利為目標，而且又希望能有好的表現而帶來好的結果，所以有時會只有熱切的情緒獨自奔騰在前。雖然常常在比賽中被人提醒「不要一個人打棒球」，但這種選手由於情緒太過激動，根本看不見周圍情況。

要了解在積極比賽的同時也保持冷靜的必要性。熱情與冷靜，維持這兩者之間的平衡，才能帶來良好的發揮。

實用要點

1. 觀察周遭
2. 喊出聲音
3. 引領團隊前進

實用要點 1

觀察周遭狀況，發揮團隊優勢

有時一旦拚命打棒球的心情如脫韁野馬，便很容易忘記隊友的存在。全力以赴雖然重要，但自命不凡是很危險的。時常信任隊友，偶爾巧妙地利用隊友，同時引導隊伍發揮優良表現，藉此贏得比賽勝利。試著冷靜環顧四周看看吧。

實用要點 2

喊聲招呼是為了與隊友互相聯絡

在練習或比賽時，有時候會被人指正說沒有喊出聲音。但單純地大喊大叫沒有意義。喊出聲音代表的是向隊友「打招呼」。「下一球要打到中外野了！」、「一定要讓球滾地，讓跑者前進啊！」……像這樣與隊友取得聯繫。要先明白喊出聲音所代表的意義。

實用要點 3

以引領球隊前進的心情比賽

為了引領隊伍，有時候會不小心採取一些蠻幹魯莽的打法。在情緒高漲的比賽中保持冷靜，加強隊友間的信賴是很重要的。畢竟這種表現會為隊伍帶來好的影響，成為其他選手發揮好表現的契機，從而取得勝利。

Let's 做做看！

每個表現都要喊出聲音

在練習或比賽時，每一次的表現都一定要大聲招呼隊友。經常去做這個動作，將會逐漸改變周圍的氛圍，而且也能增加隊伍全員合力打棒球的認知。

做不到時的檢查點 

互相喊聲招呼有時也可能會導致情緒激動，無法冷靜。為了應對這種時候，要事先拜託教練出聲提醒自己。

祕訣No. 45 ▶▶▶團隊協作

在三壘、二壘和右外野安排球感好的選手

了解軟式棒球中的關鍵位置，鞏固守備陣容。

理解作為核心的守備位置，並以高水準的棒球為目標

雖然作為一名選手的價值並不會因守備位置而改變，但在軟式棒球中卻必須把一些守備位置當成團隊的核心。這些也是有成為隊伍樞要傾向的位置。

這裡提出的是三壘手、二壘手和右外野手。應該對每個守備位置各自的任務與適合的類型加以提示。

為什麼他們會成為隊伍樞要呢？還有，以一個球隊來說，什麼位置應該安排什麼樣的選手？只要了解這一點，就可以離高水準的球隊更進一步。

實用要點

1. 三壘手得有穩定的守備能力
2. 二壘手要能廣範圍提供支援
3. 右外野手的肩膀強度是關鍵

實用要點 1

三壘要安排 具穩定守備力的選手

常有人說，軟式棒球擊出球飛得最多的位置就是三壘。穩定防守好這個位置，對內野手來說會相當可靠。無論是軟式棒球特有的擊出球處理也好，對安全觸擊的應對也好，如同理論所述，要把能穩定且熟練地防守的選手指派到三壘。

實用要點 2

二壘手的守備範圍很廣， 兼具各式各樣的角色

二壘手是內野手中守備範圍最廣的選手。他不僅要處理擊出球，也自然要在處理觸擊短打時到一壘補位，在壘包因一壘滾地球而空出來的時候，偶爾也可能不是投手補位，而是二壘手。還有針對一壘跑者牽制的支援應對等，其負責的任務真的是五花八門。

實用要點 3

以滾地球處理能力與肩膀強度為本， 右外野要安排球感好的選手

一般來說，右外野手給人的印象是：都由不太出色的選手所擔任。但晉級中流以上之後，就會希望在這個位置安排外野手裡面球感最好的選手。軟式棒球特有的右外野滾地球的處理，以及不讓跑者上三壘的強而有力的肩膀，有可靠的選手負責右外野的隊伍會令人感覺毫無破綻。

Let's 做做看！

變換守備位置以活化隊伍

想辦法把游擊手移到右外野，擔任捕手的選手改換成三壘手看看。讓所有人嘗試各種守備位置，活化隊伍的狀態。

做不到時的檢查點 

即使是測試，人才也要適得其所；依隊伍組成不同，有時要做到這點也很難。可以先透過比賽形式的打擊練習和守備練習來測試看看。

祕訣No. 46 ▶▶▶ 團隊協作

最強打者不必局限在四棒

這裡能改善　不要被常識性的先發陣容所限制了。

比賽節奏不佳時，重新評估先發陣容

以一種贏得比賽的戰術而言，**連同先發陣容在內的選手任命工作頗為重要**。雖然也有不會大幅變更選手陣容的球隊，但是，在不管做什麼比賽節奏都很糟的情況下，試著重新評估攻守順序也很不錯。

沒必要拘泥於常識下的先發陣容。改掉四棒打者最強的認知也沒關係。正是這樣的試錯行為造就了強大的隊伍。

實用要點

1. 重新審視隊伍組成
2. 把最強打者放在三棒
3. 考慮隊伍整體的平衡

實用要點 1

重新審視目前的隊伍組成是否合適

在常見先發陣容上，最多的組成方式是：一棒打者腳程快，二棒擅長觸擊短打，三棒是優秀打者，四棒為長距離重砲手，八九棒則是打擊能力較差的選手。但這樣的安排是否適合現在的球隊呢？只要重新評估看看，就能發現這在隊伍的重新編制上很有效果。

實用要點 2

試著把最強打者排在三棒

在一般的棒球世界裡，四棒多半會安排一名全隊最強的打者。然而相較於硬式棒球，軟式棒球很難擊出安打。從這一點來考慮的話，為了讓更多的打者站在打席上，即使多一個打席也好，需要做一些變更，像是把最強打者排在三棒等，應該會成為有用的團隊戰術。

實用要點 3

考量整體平衡，再決定先發陣容

除了第一回合以外，四棒打者有時也會變成該回合的第一名打者，而九棒打者則有可能是那個回合的第四棒。打擊順序從哪一棒開始？根據這一點該如何改變進攻方式？可以像這樣一邊考慮整體平衡，一邊嘗試組合先發陣容。

Let's 做做看！

啟用候補球員也是一種考量

先發陣容的組合應該會有好幾百種吧。若是要試錯，那也可以考慮一下「從候補球員中找出能加入主力陣容的選手」的可能性。

做不到時的檢查點 

如果不能順利保持平衡，就把隊伍分成三組，以腳程、上壘率、長打能力的高低來劃分。只要重組這三種類型的選手後建立隊伍，就能整頓出隊伍的平衡。

祕訣 No. 47 ▶▶▶ 團隊協作

在宣布比賽開始之前，比賽就已經開始了

這裡能改善 可以透過對對方隊伍的偵查蒐集重要情報。

透過比賽前的偵查占據優勢地位

比賽不是從裁判宣布開始後才開始。**而是從走進選手席的那一刻，比賽就已經開始了。**

選手在做賽前準備時都在考量些什麼呢？試著觀察對方投手的牛棚練習、感受對方選手席的氣氛、推測對方團隊能力，這些都是比賽前的重要準備工作。賽前訓練的準備方式，往往能體現出球隊的實力。重要的是：別錯過對方的破綻。

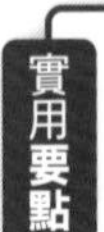

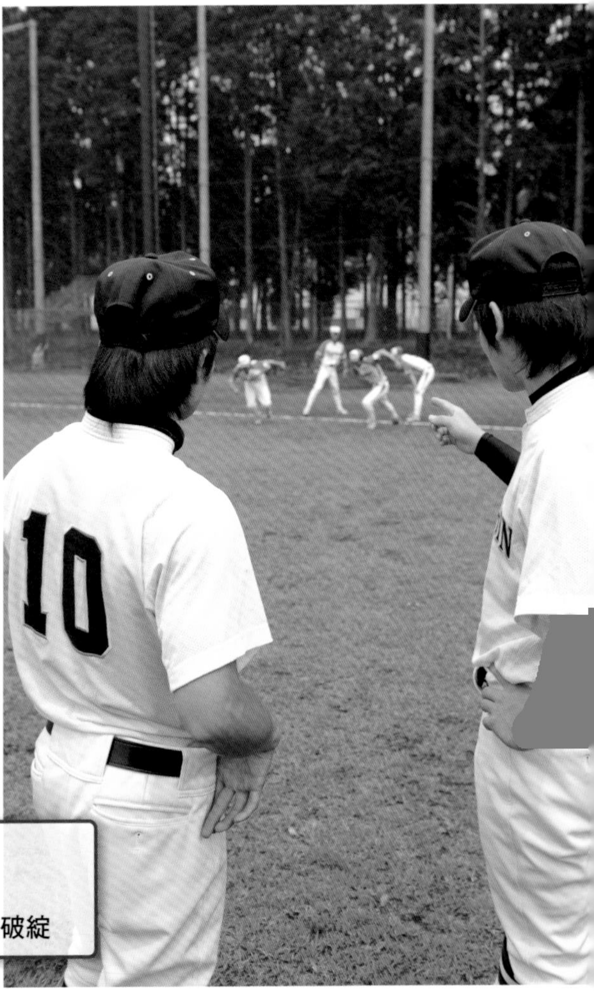

實用要點
1. 分辨核心選手
2. 推測投手能力
3. 準備的破綻就是比賽的破綻

實用要點 1

分辨對方的核心選手

說到球隊，除了總教練和隊長，還有一種是能活絡氣氛的選手，在比賽開始前要先看清楚那是對方隊伍裡的誰，只要把注意力放在其身上，就能推測得知對方隊伍的情況。別讓那名選手在比賽開始時氣焰高漲，這對把風向帶到我方來說很重要。

實用要點 2

揣測對方投手原有的力量

很多選手會在比賽前去偵查對方投手的牛棚練習。此時對方給人什麼感覺很重要。不要只看球速快慢、變化球的銳利度、球飄得高不高等內容，也要去觀察那名投手原本投球水準如何，今天的狀態又落在什麼程度等，辨別這些資訊很重要。

實用要點 3

對方隊伍的實力會顯露在備戰方式上

不曉得各位平時是怎麼看待對手的賽前訓練呢？從跑步到衝刺、熱身體操和傳接球等，充分完成這些項目的隊伍，可認為其能力具有一定的水準。即使是看起來很強的球隊，在發現他們沒有做好充分的準備時，也可以去思考他們是不是哪裡出了紕漏。

Let's 做做看！

看清對方的漏洞

雖說專注在自己的賽前準備是一大前提，但也要利用這段時間分析對手。像是在守備練習上有沒有出現傳球失誤等，看準對方的疏漏，就能找到對正式比賽有用的提示。

做不到時的檢查點

如果是跟隊友一起分析對手，就能注意到自己感覺不到的部分。也有可能會藉此決定隊伍的比賽方針。

祕訣No. 48 ▶▶▶團隊協作

控制局勢波動，打造贏得比賽的節奏

這裡能改善 控制比賽的波動，把風向拉來己方。

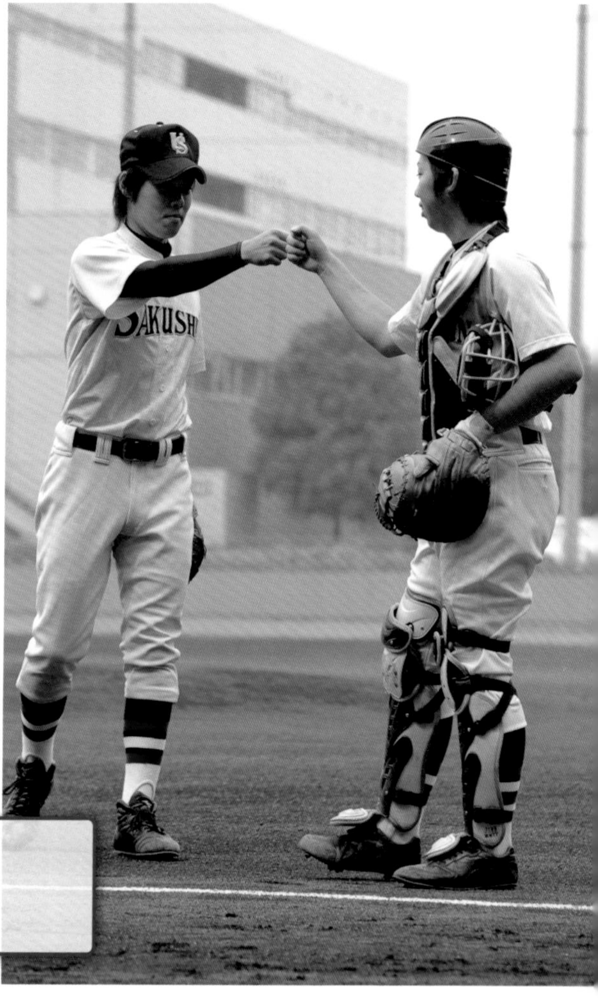

在危機中頑強的表現 會將比賽局勢拉向我方

不管是什麼樣的運動，在比賽上都會有風向。指揮官需一邊領會目前的狀況與風向，一邊發號司令；**而與此同時，選手也必須去感受比賽的流向**。

是大膽進攻或防守？還是這裡先珍而重之，以保守的姿態推進比賽？一邊感受局勢變化，一邊進行比賽是很重要的。

就算不顧比賽風向，只是一味抱怨狀態不好，也沒辦法得到好的結果。

實用要點

1. 控制比賽節奏
2. 用不屈不撓引來風向
3. 把握得分良機

實用要點 1

控制行動和情緒的波動

人的行動跟心情必定會有波動，這就是人們所謂的「節奏」。當然棒球也會有波動，根據其節奏的差異，比賽的開展也會瞬息萬變。要贏得比賽，就不能無視這股浪潮。如何掌控這種波動將是一大關鍵。

實用要點 2

不屈不撓的表現會引來比賽風向

在一場比賽中，幾乎必然會遇到一次危機。隊伍突破這次危機的方式，也會改變比賽的流向。此外，即使進攻也有抓不住機會的時候，這時正要不屈不撓地纏鬥，如此一來，風向就有可能被吸引過來。

實用要點 3

抓住得分的大好良機

愈是前幾強的比賽，得分機會就愈少出現。不過，一次得好幾分的機會當然也是存在的。一旦對方防守出現失誤，得到分數的可能性就會提高。尤其在有兩名以上跑者上壘的情況下更是重大機會，若能巧妙抓住這個時機就能得分。

Let's 做做看！

互相喊聲招呼

在「就是現在！」的時機上，試著跟夥伴一起喊出聲音吧。若是必須忍住的時候，就全隊共同分擔這份忍耐。還有，如果是重大的攻擊機會，那就更要喊出聲音來。

做不到時的檢查點 

只要再看一遍計分簿，就能發現它清楚顯示比賽的流程發展，因此可以重新審視要發動進攻和必須忍耐的部分在哪。

祕訣No. 49 ▶▶▶團隊協作

無論如何都想贏的心情決定最後的勝負

這裡能改善 不放棄，反而能以勝利為目標戰鬥到最後一刻。

即使對方是支強隊，也一定有獲勝的可能

就算在訓練中已做了萬全的準備，也還是會吞下敗仗。所謂的棒球更是人稱「不比一場就不會知道結果」的運動。

那麼，還需要什麼條件才會贏得比賽呢？答案是**對勝利絕不放棄的執著**。在淘汰賽較多的業餘棒球上，對勝利尤為強烈的情感往往決定勝敗的結果。倘若是一場同等級的比賽，那對勝利執著較強的隊伍終將獲勝。

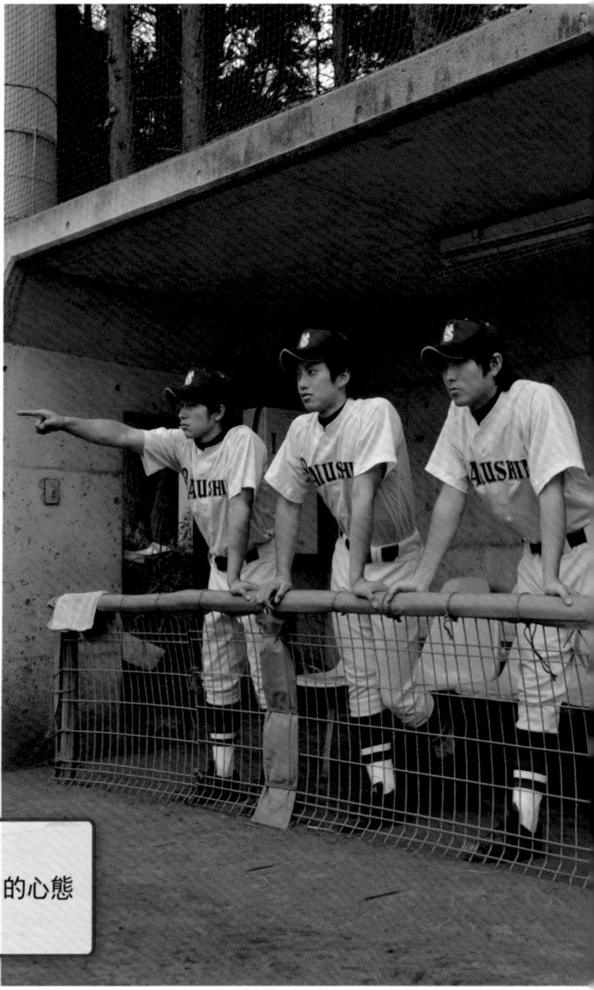

實用要點

1. 尋找進攻良機
2. 抱持「無論如何都要贏」的心態
3. 積極發起挑戰

實用要點 1

任何強隊都有可以攻陷的漏洞

就算對手被稱為強隊，自己也完全有可能戰勝對方。對方平時是採用什麼樣的戰術？擅長的比賽走向又是什麼？在守備方面有哪裡比較薄弱？像這樣儘早分析對手是很重要的。任何隊伍都存在能被攻陷的疏漏。

實用要點 2

全員胸懷無論如何都要贏的心態

為了取得勝利，隊伍全員都要抱持著「無論如何都要贏」的心態很重要。漫不經心地開始比賽，途中又變得驚慌失措——各位是否有這樣的經驗呢？從走進選手席的那一刻開始，比賽就已經開始了。拚命投入比賽，並向對手發起挑戰的態度，將會引導隊伍走向勝利。

實用要點 3

不僅僅是我們自己，對方也會有壓力

比賽自然會有對手。而對方隊伍一定也想著要贏。也就是說，在我們感覺到對勝利的渴望所帶來的壓力時，對方也會感受到同樣的壓力。不要讓自己壓力太大，而是客觀回顧對方也一樣緊張的事實，積極發起挑戰。

Let's 做做看！

把想贏的心情貫徹到底

在比賽前，作為今天的比賽課題，從宣布比賽開始的那一刻起，就要全隊一起把想贏的心情展現出來，並且貫徹到底。跟夥伴一起提高勝利意識，自然而然會帶來一場精采的比賽。

做不到時的檢查點 

感受一下隊友們的「眼底深處」吧。了解他們在想什麼，又正在做什麼樣的心理準備。信任隊友，並且再次確認彼此有相同目標的強大團結。

祕訣 No. 50 ▶▶▶ 團隊協作

對對方隊伍的敬意 將進一步提高球隊實力

這裡能改善　別把對手看作敵人，以尊敬的態度對待，就能吸收對方的長處。

尊敬對方的心 能培養出真正的強大

為了進一步提高隊伍實力，**對至今為止對戰過的隊伍的尊重，也就是感到尊敬的心意非常重要**。

儘管在比賽中以顯著比分差獲勝，但應該也有很多隊伍能令人感覺到他們對棒球的一心一意和熱情。希望能懷抱尊敬對方的心，不單單只有強或弱、是否認真比賽或投手球速快不快的感想。這股心意將成為力量，培養「真正的強大」。

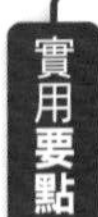

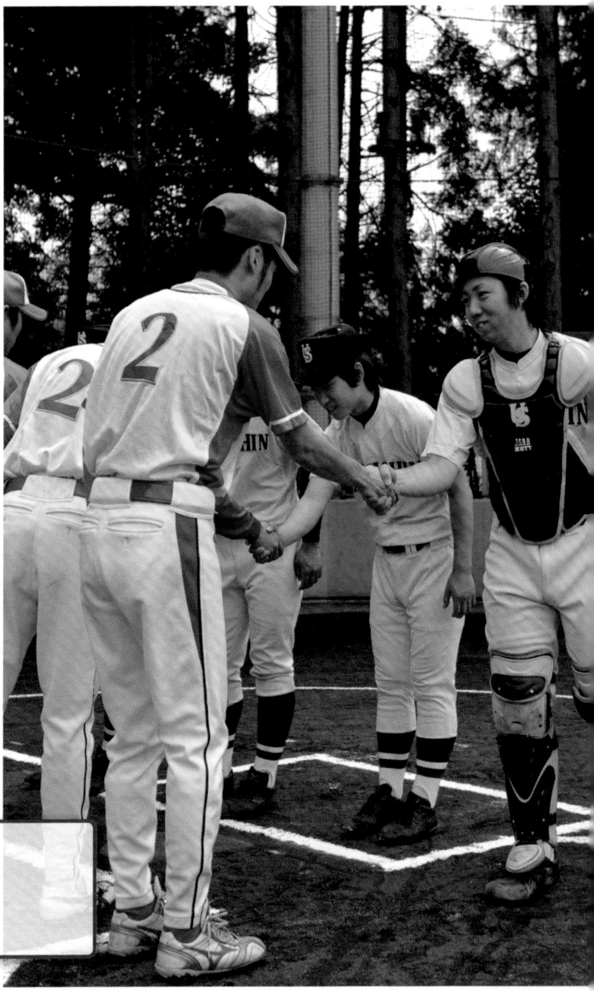

實用要點
1. 向對手表示敬意
2. 吸收對方的優點
3. 胸懷感激和榮譽

實用要點 1

「以禮為始，以禮為終」是對競賽對手的敬意

聽說武道以禮為始，以禮為終。意思是他們提倡「雖然道路有所不同，但自始至終都不能失去對對方的敬意」的教導。帶著「應尊重對手」的意思，在比賽的開始和結束時敬禮。這點在棒球上也一樣。向比賽過的對手表示敬意的態度是很基本的。

實用要點 2

只要尊重對方，就會成為養育自己的養分

尊重對方隊伍本身就是自己能感受到對方優點的證據。好不容易感受到的、值得尊敬的地方，不要就這麼放任不管。不斷吸收對方的長處到自己或球隊身上，並以建構一個沒有空隙的軟式棒球為目標。對對方的尊重，將成為強壯自己的養分。

實用要點 3

感謝同為棒球人的所有相關人員

不管是什麼樣的成員，都是一群喜歡棒球到無可救藥的人。後方支援的經理、對手的教練，連同裁判在內，所有跟這場比賽有關的人都是「同為棒球人」。對自己能夠在這個棒球場上打棒球抱持感謝與榮譽之心，如此一來便必定能讓實力更上一層樓。

Let's 做做看！

嘗試去跟對手的教練聊一聊

如果有時間的話，可以問問對方的教練，看他從今天自己的表現中感受到什麼。傾聽來自不同視角的話語的態度也很重要。而且還能增加對對方隊伍的尊重。

做不到時的檢查點 

試著向對方隊伍中跟自己守備位置相同的選手搭話看看。可以從平時的練習方法等資訊中找到對對方的尊重之心。

腳底伸展運動

一隻腳向前伸，另一隻腳曲起，盤坐在地上。把伸直的腿的腳尖往自己的方向壓，拉伸腳底。（左右各維持10秒）

髖關節與臀部伸展運動

坐在地上，一隻腳朝後方伸直，另一隻腳彎曲，用手肘壓穩膝蓋。伸展腿彎曲那一側的臀部。（左右各維持10秒）

軟式棒球必備的伸展體操

練習前要做好充分的伸展運動。
事先讓肌肉與肌腱變得柔軟靈活，這樣即使在比賽中對其施加劇烈負荷，也能預防受傷。另外，若在練習後做做伸展運動，便能快速消除疲勞。
當然，要是肌肉跟肌腱柔軟一點，比賽的表現也必定會有所提升。
軟式棒球是一項全身運動，因此全身上下的各個角落都要充分拉伸才行。

大腿前側伸展運動

側躺在地上，一隻腳伸直，另一隻腳彎曲。把彎曲拉伸那隻腳的腳後跟往臀部壓，用手將腳尖往下拉。（左右各維持10秒）

側身伸展運動

一隻腳往側邊伸直，另一隻腳曲起盤坐。上半身往腳伸直的方向彎，拉伸體側。注意不要讓身體向前傾。（左右各維持10秒）

髖關節與肩胛骨伸展運動

雙腳盡量朝左右兩邊站開，稍微彎腰半蹲。雙手放在膝蓋上，扭轉腰部，同時將與腰部轉向反方向的髖關節往外推。（左右各維持10秒）

大腿內側與臀部伸展運動

雙腳大幅張開半蹲，用兩手的手肘撐開兩邊膝蓋。用手肘把膝蓋向外推伸。注意不要駝背。（動作停留10秒）

肩膀伸展運動

把要拉伸的那隻手臂伸到胸前。用另一隻手靠著伸展手的手肘附近，將手肘往自己的方向輕拉。（左右各維持10秒）

手腕伸展運動

把要伸展的那隻手往前伸，用另一隻手抓住指尖並向自己的方向壓。分成手心朝內與照片上的手心朝外兩種。（左右各維持10秒）

肩胛骨伸展運動

從兩手手肘閉合的動作開始，雙手張開擴胸，然後手往上舉再放下，重複這個動作。一邊留意肩胛骨的開闔動作，一邊慢慢地進行。（做10次）

用這些技巧拉開差距！必勝！

軟式棒球的50個進步祕訣

已將所有的「祕訣」和「要點」整理成一覽表。
此處是眾多技術的濃縮。
在讀完一遍以後，要練習時，
請剪下這幾頁帶去，以便加以確認。

PART1 打擊

祕訣	頁	實用要點	內容
祕訣No.01 準備打擊時要放鬆，削減多餘動作	P12	實用要點 1	開打當下放鬆身體
		實用要點 2	手腕的角度朝拇指方向傾斜
		實用要點 3	收斂膝蓋
祕訣No.02 打磨自身特質，提升擊球能力	P14	實用要點 1	認清自己屬於哪種類型
		實用要點 2	活用身體彈性，以長打為目標
		實用要點 3	運用速度優勢，以安打為目標
祕訣No.03 能量要在手腕回正的瞬間才能充分傳遞出去	P16	實用要點 1	在手腕回正的瞬間打擊出去
		實用要點 2	以範圍來捕捉「擊球點」
		實用要點 3	別讓力量分散開來
祕訣No.04 只要鍛鍊選球眼，就能正確看穿球路	P18	實用要點 1	參加投球訓練
		實用要點 2	保持專注，不讓球離開視線
		實用要點 3	意識到自己跟投手間的好時機
祕訣No.05 只要豎立身體中軸，就能做到穩定有氣勢的揮棒	P20	實用要點 1	給關節留出餘裕空間
		實用要點 2	保持身體中軸垂直
		實用要點 3	在維持身體軸心的狀態下轉移重心
祕訣No.06 只要善用身體的扭轉力，就能更輕鬆地把球打遠	P22	實用要點 1	運用軀幹
		實用要點 2	專注在擊球點上
		實用要點 3	精簡揮棒動作
祕訣No.07 落實擊球策略，推動跑者進壘	P24	實用要點 1	往反方向擊球時，要立起球棒大力揮棒
		實用要點 2	順著自身方向擊球時，要克制身體的朝向
		實用要點 3	速度型選手要瞄準三游間
祕訣No.08 用「拉打」的感覺提高朝反方向打擊的能力	P26	實用要點 1	夾緊手肘、腋下
		實用要點 2	用「拉打」的感覺來打
		實用要點 3	立起球棒頂端
祕訣No.09 犧牲觸擊的姿勢擺高一點，再主動朝較低的球打	P28	實用要點 1	球棒擺高
		實用要點 2	用膝蓋抓高度
		實用要點 3	把球棒對準自己想打的方向
祕訣No.10 以打出界外球的覺悟瞄準界外線壓線來打	P30	實用要點 1	做好打出界外球的覺悟來擊球
		實用要點 2	瞄準界外線壓線
		實用要點 3	在跑出去的同時擊球

PART4 跑壘

PART5 團隊協作

監修

大專軟式棒球日本代表隊　前任總教練

名古屋 光彥 (Nagoya Mitsuhiko)

全日本大學軟式棒球聯盟理事。生於東京。在就讀作新學院高中三年級時奪得全國大賽冠軍，並擁有參加國民體育大會、以富士大學準硬式棒球社的名義出場全日本棒球錦標賽的經驗。作為教練，擔任過作新學院高中軟式棒球社教練、同校大學軟式棒球社總教練（帶領球隊取得十次聯盟冠軍、三次全日本錦標賽亞軍），以及大專軟式棒球日本代表隊總教練（2009～2014）。在進入筑波大學研究所體育學專攻（棒球研究室）深造後，一邊就任大學講師（運動科學），一邊持續拓展運動教練學和棒球教學的範疇。

球隊經理

大塚 睦美

小野﨑 美祝

作新學院大學　軟式棒球社

照片人物

塚越 健雄
捕手

安田 佑平
投手

南雲 良太
左外野手

宮下 太一
右外野手

佐藤 修平
投手

菜澤 亮太
左外野手

小森 寛己
投手

青木 伸人
捕手

山井 偲
一壘手

渡辺 僚
游擊手

若木 大祐
捕手

野沢 亮介
二壘手

日文版 STAFF

【監修】
名古屋光彦

【取材・執筆】
吉田正広

【攝影】
高田泰運

【設計】
沖増岳二（elmer graphics）

【編輯】
ナイスク
http://www.naisg.com/
松尾里央／岸正章

【DTP】
佐々木志帆（ナイスク）

【協力】
作新学院大学 軟式野球部

全方位軟式棒球訓練技巧

提升基本功、破解失誤盲點，獲勝祕訣完整掌握！

2021年10月1日初版第一刷發行

監　　修　名古屋光彦
譯　　者　劉宸瑀、高詹燦
編　　輯　曾羽辰
美術編輯　竇元玉
發 行 人　南部裕
發 行 所　台灣東販股份有限公司
＜地址＞台北市南京東路4段130號2F-1
＜電話＞(02)2577-8878
＜傳真＞(02)2577-8896
＜網址＞www.tohan.com.tw
郵撥帳號　1405049-4
法律顧問　蕭雄淋律師
總 經 銷　聯合發行股份有限公司
＜電話＞(02)2917-8022

國家圖書館出版品預行編目資料

全方位軟式棒球訓練技巧：提升基本功、破解失誤盲點,獲勝祕訣完整掌握!/名古屋光彥監修；劉宸瑀, 高詹燦譯. -- 初版. -- 臺北市：臺灣東販股份有限公司, 2021.10
128面；14.8×21公分
譯自：これで差がつく!勝つ!軟式野球上達のコツ50
ISBN 978-626-304-851-5(平裝)

1.棒球 2.運動訓練

528.955　　110014555

KOREDE SA GA TSUKU! KATSU! NANSHIKI YAKYU JYOUTATSU NO KOTSU50